让你爱不释手的超实用日常经济学

缪宇泓／著

中国法制出版社
CHINA LEGAL PUBLISHING HOUSE

Preface
前言

在很多人的观念里，经济学是沉闷而乏味的，它的内容复杂艰涩，很难让人提起兴致。就算是最浅显的经济学教科书，也到处都是各种难以理解的定理、模型以及冰冷的统计数据，因此越来越多的人开始疏远经济学。然而，经济学真的毫无用处吗？我们真的可以不懂经济学吗？当然不是！

也许有的人会质疑，我们既不是经济学家，也不从事经济类工作，何必要硬着头皮学习这门晦涩的学科呢？实际上，经济学并不像我们想象的那么难以理解，并且它贯穿我们的生活之中，是一门超实用的学科。大如美国的次贷危机、我国近年来的通货膨胀等，小如日常生活中的投资理财、购物消费等，生活中到处都充斥着经济学。

本书从供需、消费、企业、财税、货币金融等方面，采用经济学知名教授所讲述的趣味案例或商界名人的亲身经历，引出经济理论，然后结合现实生活进行论述，让读者真正感受到经济学的智慧和魅力，了解那些生活必备的经济学常识，把握当下的经济脉动。

本书旨在传播经济学智慧，让读者真正掌握经济学那些学以致用的智慧，让经济学真正成为读者生活中的小助手，而不只是枯燥的理论。相信本书一定能够在经济方面给你带来很大的帮助。即使你没有机会亲自去听那些著名的经济学教授们的经济课程，你依然可以通过本书，学习他们的经济理论，掌握他们的经济学智慧，了解当下的经济动向，最终实现制胜人生的目的。

对于普通人来说，要想了解经济学，让经济学为生活所用，本书将会是不二的选择。

Contents

目录

第一章

像商界精英们一样拥有经济思维

第二章

供需与经济学：“市场先生”是好友还是损友

第一章

像商界精英们一样拥有经济思维

在当今市场经济的大环境中，经济思维处处影响着人们的生活。从选择什么样的车位、去哪个饭店吃饭等个人生活小事，到物价上涨、选举等社会大事，处处考验着人们的经济思维。经济思维是一种运用经济学知识思考问题的方式，想跟那些商界精英们一样拥有经济思维吗？首先来看看商界巨擘们是如何运用经济思维解决问题的吧！

经济人：比尔·盖茨不会为方便而选择昂贵的停车位

比尔·盖茨赚钱的速度相当快，他只用了13年就成了世界首富，全世界的媒体都不约而同地把目光聚焦在他身上，在很多媒体的眼中他俨然成了传奇人物。那么盖茨成功的秘诀究竟是什么呢？他又是如何经营自己的经济生活的呢？

总的来说，比尔·盖茨是一个特别理性的经济人。

比尔·盖茨虽然是世界一流的电脑奇才，但是他在理财的具体操作方面并不那么擅长。对于这一点，他有十分客观的理性认识，而且能够非常理性地管理和组织自己的经济生活，而不像一般人那样被自以为是、焦虑、担忧等主观感性因素所影响。为了不让理财事务过多占用他的精力，盖茨专门聘请了“金管家”来帮助自己理财。1994年，除了微软股票以外，盖茨的其他财产已经超过4亿美元。他聘请了年仅33岁的劳森做投资经理，并向劳森承诺，倘若微软股价持续上涨的话，劳森还能够在其他投资领域投入更多的钱。劳森不仅是50亿美元的私人投资组合的投资管理人，而且还承担着盖茨捐资成立的两个基金的投资工作，盖茨对这两个基金的捐赠方式是将他名下的微软股份过户给这两个基金。劳森的工作任务就是以最高的价位出售这些股份，并且在合适的时机买进债券或运用其他投资工具来实现盈利。通过这位理财专家的打理，盖茨这两个基金每年的捐税额度已经大大超过了在《财富》杂志名列前500家中的后几家公司的全部净收入总额。

再如，盖茨一直非常理性地进行消费，并没有因为自己的巨额财富而骄奢淫逸。

有一次，盖茨开车载他的一位朋友一起到希尔顿饭店开会，因为到得有点晚，所以找不到车位。他的朋友对盖茨说："我们可以把车停在饭店的贵客车位。"

"不，这要花12美元，太贵了。"盖茨表示反对。

"我来付费。"他的朋友说。

"这也不是个好主意。"盖茨坚持说，"这是酒店的超值收费。"因为盖茨的坚持，汽车最后并没有停放在酒店的贵客车位上。

那么盖茨为什么不愿意把车停在收费昂贵的贵宾车位呢？其实原因并不复杂，身为一名优秀的商人，盖茨明白消费和炒菜放盐的道理相通，讲究恰到好处。盐放得不够，菜寡淡无味；盐放得太多，菜就会咸得难以下咽，每一分钱都要花得物超所值。只有当一个人懂得如何用好每一分钱的时候，他才能够有所成就，获得财富。

的确是这样，盖茨就是这样一位合格的理性“经济人”，他在经济生活中做的所有决策似乎都充满着理性，因此他的经济生活才会这么成功。那么，“经济人”到底是什么样的呢？

“经济人”的思考与行为往往都是具有目标、理性的，最大化的物质利益补偿是他们可以获得的唯一的经济好处。当然，所谓“经济人”只是经济学家们的一个假设。这一理论经常用作某些经济学与心理学分析的一般假设。西方古典经济学中关于“经济人”的假设，认为每个人都是完全理性的个体，都能够做出使自己的利益最大化的策略。1978 年，诺贝尔经济学奖得主西蒙完善了这个假设，他提出了“有限理性”的概念。西蒙认为大多数人处于完全理性和非理性之间的“有限理性”状态。

在现实经济生活中，倘若可以做个充分理性的经济人，就可以让个人利益最大化，这对于个人财富的积累非常有利。但是完全理性的经济人是不存在的。人们在做选择的时候难免会受到个人价值观、世界观、道德观、心情、个人好恶等主观因素的影响，因此不可能总是做出利益最大化的选择，甚至有时候会刻意选择带来较少利益的策略。当然，这种选择有时候是非常值得的，彰显了一个人高尚的尊严和价值观，如不愿意为了金钱放弃个人自尊和原则。

但有的时候这种选择是不值得的，如感情用事地做出某种错误的决策或是冲动消费，这些情况我们都要尽量规避。

像无数商界精英们一样尽量规避不理性“经济人”行为带来的利益损失，我们才能更好地进行经济生活，从而积累更多的财富，才能更加理性地规划自己的人生，进而成就一番事业。

不过，如果你曾经留意过，你就会发现商界精英们既是充分理性的“经济人”，也是非常不理性的“经济人”。比如，他们在做个人资产投资，在经营事业的时候，只要是在法律允许的范围内，他们会尽量避免个人主观因素的影响，做出最为理性的逐利决策，这也是他们绝大多数能够成功的原因之一。与此同时，他们又是非常不理性的，如他们可以因为个人感情因素，捐给自己的母校巨额财富，捐给慈善机构大笔资金。然而，正是这种“不理性”帮助了他人和社会，也成就了他们自己，这种“不理性”使他们拥有高尚的人格，受到世人尊重。

经济学的智慧告诉我们，每个人都不可能是完全理性的经济人，也不可能是完全不理性的经济人，至于什么时候需要理性，什么时候不需要理性，则需要我们自己好好揣摩把握，这是一个人贫穷还是富有、高尚还是卑劣的分水岭。

经济启示录

比尔·盖茨之所以不为了方便而选择费用昂贵的停车场，正是因为他是一个理性的经济人。在实际生活中，我们都要做理性的经济人，规避不理性经济人行为，减少不必要的损失，以获得更多的利益，从而走向成功。

稀缺：如果哈佛大学不断扩大招生……

每年哈佛大学的招生都会吸引全世界学子的眼球，每个学生都渴望进入这所巅峰学校深造。然而，哈佛大学的录取标准非常严格，许多在其他高校炙手可热的优秀学生，都被哈佛大学的拒绝信挡在校门之外。哈佛大学为什么不像其他高校一样扩大招生呢？如果哈佛大学不断扩大招生，直到全世界都是哈佛学子，又是怎样一种状况呢？这一现象反映了什么经济学原理呢？

这个问题，我们可以总结为一句话——哈佛大学在招生的时候注重优秀生源，讲究保持一种稀缺性。

2011 年，哈佛大学录取率创下新低，录取率仅为 6.3%，这和报考哈佛的学生的人数大幅增加有直接关系。哈佛大学历年的招生名额都固定在 1600 名左右，而每年都有超过

15000 名学生为这些名额而竞争。哈佛大学本科生院的规模要比我们想象的小得多，1999 年秋季学期统计数据显示，哈佛只有 6684 名本科学生，其中男生 3592 名，占 53%，女生 3092 名，占 47%。所谓“物以稀为贵”，哈佛录取的人数越是少，越是有更多的学子向往哈佛。

在美国，大学的教学水平的高低，要看大一新生能否和优秀的教授接触，因为大一新生好奇心非常重，一个优秀的教授可能对他日后发展起到很大影响，使他成才。在美国最优秀的一批大学里，也包括哈佛大学，有这样一个基本的指标，上课时，一个班的平均人数一般不会超过 20 人，人数越少的班级，成本也就越高，学生之间的差距也就越大。

同时，学校先进的硬件设备、优秀师资都是有限的，如果扩招的话就会降低这些优越的条件。试想一下，一个优秀的教授授课时，如果一个班有 20 个学生，那么，每个学生都可以和他直接交流对话，但是如果扩招到 200 个学生，他不可能跟这么多学生进行充分交流。

实际上，扩招就意味着以损害每一个学生获得教育和培养的条件为代价，是对学生的不负责任。无论是对于哈佛学子，还是哈佛本身来说，扩招都是有害无利的。当全世界都是哈佛学子的时候，哈佛学子也不再具有稀缺性，哈佛两个字的含金量就会大大降低，哈佛学子将和任何普通高校的毕业生无异，哈佛大学也将沦为一所普通学校。

哈佛大学的学生身份之所以让无数学子向往，一个重要原因就是稀缺。经济学中对于稀缺性的概念是这样定义的：和人类无限的欲望相比，经济物品或是生产经济物品需要用到的资源等具有有限性。也就是说，人类的欲望是无止境的，但是拥有的资源数量是有限的，正是这种资源的有限性使得人类之间出现竞争和选择。相对于全球数目庞大的学子来说，哈佛大学的优秀教育资源是有限的，于是哈佛的学生身份成为炙手可热的稀缺品，大家都渴望进入哈佛大学，哈佛大学成为全美乃至全世界入学竞争最激烈的高校。

又如，近年来中国现代油画，在全球拍卖中心接连卖出高价，也是因为稀缺性。以徐悲鸿的画作为例：2005 年秋天，徐悲鸿的作品《珍妮小姐画像》在北京保利拍卖行以 2200 万元人民币的高价成交；2006 年春天，他的《愚公移山》拍出 3300 万元人民币的高价，同年秋，《奴隶与狮》在香港佳士得拍卖行以 5388 万港元被人买走；2007 年春天，《放下你的鞭子》在香港苏富比拍卖行拍出 7200 万港元的高价。也就两年不到的时间，徐悲鸿的作品价格翻了两倍多。徐悲鸿是中国美术界的杰出画家，他的作品在中国油画史上起到了承前启后的作用，非常具有收藏价值。如今徐悲鸿已经离世，他的作品是有限的，相对于广大想要拥有他画作的人来说，他的作品已经具备了稀缺性的特点，这也是他的画作拍出巨额高价的原因。

这种稀缺性体现在很多方面，如特殊手机号码、特殊牌照号往往会高价售出，很多收藏者会高价搜集老版人民币、邮票、古代铜钱、邮票、古董等，这都是因为物品的稀缺性。越是存世少的物品，人们往往越想要拥有它，越是肯花大价钱去购买，这就是我们经常说的“物以稀为贵”。

资源的稀缺性不仅是经济社会的特质，它对人们的生活发展和社会进程都有很大的影响。深刻认识和了解稀缺性，对于每个人来说都非常重要。

首先，稀缺性使得人类社会出现竞争和选择。这种竞争和选择在很大程度上起到了促进人类社会发展的作用。因为资源的稀缺性，自然界的各种生物才会出现物竞天择，人类社会才会出现优胜劣汰，这种竞争和厮杀使得整个世界充满活力和生机。倘若资源是丰富的，那么自然界生物就会肆意蔓延、人类也会安于现状变得懒惰和没有思想，整个地球将没有任何活力和生机。

其次，资源的稀缺性会随着时间而改变，也就是说有一定的历史条件性。过去我们认为稀缺的东西，现在看来非常丰富，如物质方面充足的食物、精神方面先进的科学技术等；而过去非常富足的东西，如今也会因为种种原因变得稀少，如因为过度开采，煤炭、石油以及地下水等资源都在逐年减少。此外，古代日常用的各种陶罐、烛台、瓦当等生活用具，当时很多，但是因为年代久远，如今非常少见，成了珍贵的古董；几十年前发行的货币当时全国通用，非常多，但是现在因为使用新货币而退出流通领域，市面上渐渐变得很少，如今也变得很珍贵。

再次，资源的稀缺性对于不同的人来说，也大不相同，即因人而异。对于生活在社会上的人来说，黄金是财富的象征，是稀缺而珍贵的；但是对于生活在海岛上的鲁滨孙来说，食物、水源对于他要比黄金重要得多，黄金和岛上的任何石头无异。

最后，稀缺资源能够凭借交换的手段实现重新配置。比如，在古代以物易物的时代，农民家里粮食是相对富足的，因此他们常会用粮食去集市上交换家里稀缺的衣服、鞋子等其他生活用品。

经济启示录

总而言之，正确理解稀缺性的特征和概念，有利于我们了解生活中的很多现象和事理，对我们的工作和生活也具有一定的指导意义。就像哈佛大学拒绝扩招的原因一样，物以稀为贵，我们要想在事业上有所作为，在生活中受人尊重，就要坚持自己的原则，保持自己的个性，不随波逐流，做一个真正对社会、对他人有价值的人。

成本与收益：1美分硬币为什么成为“鸡肋”

在美国的街道、汽车、海滩，甚至垃圾堆里，都很容易发现1美分硬币，因为面值太低，甚至连乞丐都对它不屑一顾。那么1美分硬币为什么会成为“鸡肋”呢？

这个问题可以总结为一句话——制造1美分的成本大于它本身的价值，即成本高于收益。

1909年，在美国1美分可以买几个鸡蛋或是一磅面包，但是随着通货膨胀，1美分的价值越来越低，到了2009年，制造1美分的成本已经高达1.4美分，远远超过了它本身的价值。实际上，早在1989年美国就出现了“废除1美分硬币”运动，当时铸造1美分的成本是1.2美分，这个运动的倡导者高尔认为花1.2美分制造1美分硬币是非常荒唐可笑的。

不过，美国盖洛普民意调查数据显示，超过2/3的美国人依旧希望1美分硬币能够继续流通，他们担心废除1美分硬币会使消费者的利益受到损害。此外，他们还认为1美分硬币也代表着美国文化的一部分，随便取消是对文化的不负责任。为了保留1美分硬币，2006年美国无线电话公司发起了一项“拯救1分钱运动”，无线电话公司的卡车在全美各地搜集1美分硬币，并将它们全部捐赠给慈善机构。

对于美国造币局来说，它要考虑的不仅是成本和收益关系，还要考虑美国民众的情绪以及其他政治文化因素等，这也是1美分虽然成为“鸡肋”但是仍然流通的根本原因。不过，对于市场中的经济人来说，首先要考虑的就是成本和收益之间的关系问题。

在经济学中，成本是指为了实现某个目的而付出或牺牲的资源的价值，它可以用货币进行衡量。在现实生活中，每个经济人都要掌握计算成本的方法。

比如，你打算去一家公司上班，在计算成本的时候，你要考虑去上班路上的交通费、午餐费、通信费，在减掉这些花费之后，你认为剩下的钱就是你赚的，实际上这种计算是不准确的，你漏掉了你为此付出的劳动、你为找工作付出的时间，还有你去这个公司上班的机会成本等。唯有将全部成本都考虑进去，才能正确判断你是否应该去这个公司上班。

再如，很多年轻貌美的女性都认为自己有资格嫁给有钱人，享受衣食无忧的幸福生活，但是通常情况下富豪们只会选择跟她们交往，却不会跟她们结婚。从经济学的角度分析这是什么原因呢？下面我们看一个在网络上引起强烈反响的帖子：

“下面都是我的心里话。我25岁，拥有让人惊艳的美丽，并且谈吐文雅，有品位，想嫁给年薪50万美元的人。我认为这并不贪心，因为年薪100万美元也只算是中产阶级。为了实现我的愿望，我诚心诚意地请教大家几个问题：一、哪里能找到有钱的单身汉？（最好能列出酒吧、饭店、健身房的名字和详细地址。）二、我应该把目标定在哪个年龄段？三、为什么长相如同白开水，毫无吸引力的女人都能嫁给富豪？而单身酒吧里那些迷死人的美女却时运不济？四、你们凭什么决定谁能做妻子，谁只能做女朋友？（我现在的目标是结婚。)”以上是一位名叫波尔斯的女士所说的话。不少女士都和她有相同的疑问。

一位华尔街的名叫罗波·坎贝尔的金融专家对此作了专业的学术性回答：“从经营学角度来看，跟你结婚是个糟糕的经营决策。道理很简单：经过总结归纳，你所说的其实是一笔简单的交易：甲方提供美貌，乙方出钱财，公平交易，童叟无欺。但是，这里有个致命的问题，你的美貌逐年呈现递减趋势，而我的钱则不会，相反它大有可能呈现逐年递增的趋势。因此，从经济学的角度讲你是贬值资产，而且是加速贬值，我是增值资产！你现在25岁，未来的一段时间里，你仍可以保持美丽，即使你每年已经略有退步。可是你美貌消逝的速度会随时间的流逝而越来越快，十年、二十年以后你的价值还剩下多少呢？”

假设我们都是完全理性的经济人，我们在做任何事情的时候，都只考虑付出的成本和收益之间的关系。只有收益大于成本的时候我们才会采取行动；而收益小于成本的时候我们则不会选择。这就是富豪为何不娶那些年轻貌美但贪钱女性的原因。因为富豪也是拥有情感的普通人，每个正常人都会反感用金钱交易的婚姻，在婚姻里首要的是感情因素，只有双方真心相爱的婚姻才是幸福长久的。金钱换不来幸福。

人们每做一件事都会涉及成本和收益的问题，在商业领域我们很容易用货币单位来计量成本和收益，但是在很多其他领域，包括政治、文化以及上例所说的婚恋方面，往往很难将所有的收益用货币进行量化，如精神收益。掌握成本和收益之间的关系，有利于更好地管理自己的经济，成为一个理性的经济人。此外，经济学上的成本和收益之间的关系也可以解释很多现实生活中的问题。

经济启示录

1美分之所以成为“鸡肋”，很重要的一个原因是制造它的成本远远大于它的收益。由此可见，在做任何事情的时候，都要考虑付出的成本和收益之间的关系，只有收益大于成本的时候，我们才能采取行动；而收益小于成本的时候，我们则要慎重考虑。

效用：先享用咖啡与先享用牛排为何不一样

西方人非常讲究用餐顺序，通常情况下他们习惯先享用以牛肉或牛排为代表的主菜，最后才喝咖啡。为什么他们习惯先吃牛排后喝咖啡呢？

关于这个问题，我们可以用经济学中的理论——效用理论来分析。

根据约翰·斯图尔特·穆勒的效用理论进行分析，对于一个富豪来说一美元意义不大，但是对于一个穷人来说一美元的作用非常大。

同样的一美元对于富人和穷人来说意义大不相同，这就是效用理论。同样的咖啡和牛排，西方人认为先吃牛排后喝咖啡感觉更好，东方人觉得边吃牛排边喝咖啡感觉也很不错，感受因人而异。效用实际上就是一种主观心理感受。

那么效用的原理是什么呢？效用对于我们的生活又有怎样的影响呢？

效用，是经济学中最常用也最普通的概念。在经济学中，效用是用来衡量某种商品或服务为人的需求或欲望带来满足或幸福感的一个尺度。效用是一种主观心理感受，不能具体量化，效用的好坏完全取决于消费者的主观心理感受。同一个商品或服务对人产生的效用会因人、因时、因地而异。因为文化、传统、习惯等原因，大多数西方人认为先吃牛排后喝咖啡会产生更好的心理感受，而其他国家的一些人则喜欢边喝咖啡边吃牛排，或是先喝咖啡后吃牛排，他们也认为这种方式获得的心理满意度更高，这就是效用理论。

经济学家们常讲起这样一则故事：

兔子和猫争论世界上什么食物最好吃。兔子说："我觉得世界上最好吃的食物是胡萝卜，胡萝卜又脆又甜，哇，我现在都要流口水了。"猫对兔子的回答不以为然，它说："世界上最好吃的食物是老鼠，老鼠的肉又嫩又软，比胡萝卜强多了。"在一旁树上休息的猴子听到兔子和猫的争论，哈哈大笑，猴子说："你们俩说的都不对，世界上最好吃的东西是桃子！"

这个故事说的就是效用理论，同样的一根胡萝卜，能使兔子获得最大的满足感，而猫和猴子却毫无感觉。引申来说就是不同的人对同一事物的理解会不尽相同。实际上，效用和物品本身的使用价值无关。物品的使用价值是客观的，属于物品的基本属性；效用是消费者使用物品所产生的主观感受，也就是说人的心理满足程度。效用强调的是主观价值。

此外，在不同的情况下，物品的主观价值也会发生改变。比如，通常情况下，我们都认为金子是最珍贵的，但是在特定环境这种认知也会发生改变。我们再来看一个故事：

某个村庄里生活着一个穷人和一个富人，有一天突然发大水，他们两个为了逃命爬到了山坡的同一棵树上，他们都带着各自家里最珍贵的东西——穷人带着一袋馒头，富人背着一包袱金子。洪水迟迟不退，第一天穷人吃了一个馒头，富人抱着金子挨饿，第二天依旧如此，到了第三天，富人已经饿得毫无力气了，他跟穷人说："你给我一个馒头，我给你一锭金子。"穷人看了看漫无边际的洪水，摇摇头说："不换。现在对我来说，馒头比金子重要得多。”在这种情况下，金子已经失去了货币的交换功能，它没有任何效用，而馒头的效用则变得非常大。

经济学中有这样一个重要条件，即人们在消费之时更倾向于那些他们认为价值更高的物品或服务。效用是消费者的主观心理感受，换言之消费者越喜欢某种物品，这种物品对他来说效用就越大，他购买的欲望就越强烈。比如，宝洁公司生产的洗发水有多个品牌，包括飘柔、潘婷、海飞丝等，每个洗发水的主打特色各不相同，这样就满足了不同消费者的不同需求。对于想要柔顺秀发的顾客，飘柔顺直系列对她来说效用最大，而对于漂染过头发的顾客来说，潘婷染烫修护系列对她们来说效用最大。宝洁公司之所以在日用品方面独占鳌头，跟宝洁领导层在制定商业策略的时候运用了效用理论有很大关系。

有人喜欢看书，那么书籍对于他来说效用就很高，但是对于一个不喜欢看书的人来说，书籍的效用就会很低。在路过书店的时候，书迷会选择进入书店挑选自己喜欢的书籍购买，而不喜欢看书的人则会毫不犹豫地走过书店，甚至不会考虑走进去看看。由此可见，喜好对于效用的影响非常之大。

经济学中的效用理论不仅可以应用在商业领域，而且可以解释日常生活中很多方面的问题，诸如我们日常吃饭的习惯、消费购物的心理等。总之，掌握效用理论，有助于我们正确理解分析生活中遇到的难题，有助于培养我们的理性思维。

经济启示录

同一个商品或服务对人产生的效用会因为主体不同或环境的不同而不同。正确运用效用原理，有利于个人理解生活中的许多现象，也可以帮助我们做出更好的选择。

偏好：罗斯福与小布什的饮食差异

同样是美国总统，富兰克林·罗斯福和小布什在饮食方面的喜好却大不相同。罗斯福饮食比较清淡，而布什更喜欢吃味道重的食品。从经济学上来说，是什么原因导致他们对饮食的喜好各不相同的呢？

这个问题的答案可以用两个字来解释——偏好。

罗斯福在餐桌上几乎毫无派头，这和胡佛总统讲究七道菜的规矩完全不同。曼彻斯特认为罗斯福是白宫总统里最不注重饮食的人，罗斯福在白宫的菜肴非常单调乏味。一位曾经去白宫做客的女宾这样对记者说：“在白宫的三天，我每晚吃的饭后点心都是相同的。”而罗斯福总统本人，如果没有特别安排的话，他一年四季的午餐都是肉末煎蛋。

而布什的口味却大不相同。布什曾经多次在接受记者访问时说：“我喜欢的都是大众化食品，如花生酱三明治、炸土豆和奶酪汉堡。”不过白宫高级厨师沃尔特·沙伊布曾经爆料了小布什的饮食爱好，他说：“布什喜欢吃口味重的食物，泰国菜是其中之一，而且要放很多咖喱和红辣椒。”

罗斯福和小布什对饮食各有爱好，主要是因为他们对食物味道、饮食习惯等的偏好不同，也就是我们通常说的“萝卜青菜各有所爱”。那么偏好的概念是什么？理性的经济人应该如何看待偏好呢？

偏好，是微观经济学中的一个常用概念。偏好是人们心中的一种主观的、感性的情感倾向，导致偏好的感性因素要比理性因素更多，这些因素包括经济因素、文化因素、社会因素等。偏好常常呈现个体差异，有时候也会表现为群体特征。浅显地说，偏好就是个人的主观喜好，所谓“穿衣戴帽各有一套”就是这个意思。

偏好能够表现一个人的好恶。通常情况下，偏好没有好坏之分，无论你是喜欢听古典音乐还是喜欢听流行音乐，都没有对错之分。只要不涉及法律、道德范围外的行为，每个人都可以有属于自己的偏好，偏好是自由的。

比如，男女恋爱约会中，大多数女生喜欢自己的男朋友陪自己逛街，而很多男生对逛街并不感兴趣。再如，每个人的业余爱好都不尽相同，有的人非常喜欢游泳，他们认为游泳是一项特别健康的运动，不仅能锻炼身体，而且能够塑造流线型身材，增加个人魅力；对于不喜欢游泳的人来说，他们就会觉得游泳非常危险，而且对公共游泳池的卫生情况非常担忧，每个人都有自己的道理。

偏好具有很强的主观性，并且因为这种主观偏好的不同，会使每个人做出不同的选择。经济学者认为，人们会依据个人的偏好，形成在特定条件下可以体现个人意愿的需求，并且根据这个需求做出自己的选择或决策，以使自己的效用实现最大化。在日常生活中，总是做一些“费力不讨好”事情的人，往往是忽略了个人偏好不同这一点；他们总是用自己的偏好揣测他人的偏好，结果反倒降低了他人的效用。

而一个人的消费偏好主要依靠个人的主观直觉，如有的人喜欢到大商场购物，而有的人则喜欢到一些批发市场或小商品城之类的地方购物，这就是个人的不同偏好。消费者倾向于购买的商品或服务往往带有很多个人特征，从一个人的消费习惯经常可以看出这个人行为处事的原则或方法。选择去大商场购物的人一般比较讲求快捷方便，通常情况下他们对生活品质的要求比较高，当然也可能是因为追求名牌或是从小养成的消费习惯使然。而选择去批发市场购物的人，一般时间都很充裕，并且享受与店主讨价还价的过程，这让他们很有成就感。

此外，虽然经济学中认为理性经济人的偏好是固定不变、稳定的，但是在现实生活中，人们的偏好并不是固定不变的。因为说到选择环境的影响，人们的偏好也会发生变化。比如，一个人最喜欢吃苹果，但是饭店提供的免费水果只有鸭梨和香蕉，为了使自己的利益不受损害，他会选择自己比较喜欢的香蕉，这时候他的偏好就发生了变化。

经济启示录

罗斯福和小布什的饮食爱好不同，就是因为个人的偏好不同。偏好是人们心中的一种主观的、感性的情感倾向，偏好往往因人而异。人们在做决策的时候往往习惯依据自己的偏好，不过偏好并不是一成不变的。

沉没成本：你会将只有一只的袜子洗干净吗

在生活中，人们总是对那些自己努力争取却没有得到的事物念念不忘。为什么人们总是对那些已经失去的东西耿耿于怀呢？如果你很喜欢一双袜子，但是因为搬家弄丢了其中一只，你会将只剩下一只的袜子洗干净吗？

谈到这个问题，就要涉及经济学上的一个重要概念——沉没成本。

曼昆在他的《经济学原理》一书中写过这样一个关于沉没成本的案例：你是不是曾经也经历过这样的事情，当你走进一家饭店吃午餐，结果发现里面几乎没什么人。你心里很疑惑，为什么这种饭店还要营业呢？因为看起来只依靠几个客人的收入根本不能支撑饭店的经营成本。在决定是否要在午餐时间营业之前，饭店老板一定要牢记固定成本和可变成本的本质区别。饭店有很多成本——房屋租金、厨房里的各种设备、餐桌、椅子、餐具等，这些都是固定成本。午餐时间是否营业与固定成本无关，也就是说，在短时间内，这些固定成本都是沉没成本。影响老板是否提供午餐决策的是可变成本——原材料费用以及服务生工资。当午餐时间依靠客人的收入比饭店的可变成本还少的时候，老板才会选择午餐时间停业的决策。

在这个案例中，饭店的沉没成本实际上已经是"覆水难收"的状态，这些成本对老板现在的决策毫无意义，饭店关门与否都不能收回这些沉没成本，这就是沉没成本的无关性。在现实生活中，无论是企业还是个人，掌握沉没成本的无关性也是至关重要的。

经济学上认为，所谓沉没成本是指已经付出且不可收回的成本。过去的决策已经发生了，它所造成的成本是不能由现在或将来的任何决策而改变的，这样的成本就是沉没成本。比如，你花 50 元买了一张电影票且不能退票，这时，你所付出的电影票钱就可以看成你的沉没成本了，因为无论你采用什么办法，这个钱都收不回来了。倘若你不小心把这张票弄丢了，你应该再花 50 元买一张电影票吗？还是选择回家并放弃看这个电影？很显然，你应该再买一张电影票，因为看电影对你的价值仍然大于第二张票的价格 50 元。而你为丢失的电影票付出的 50 元是沉没成本，你是否买第二张票的决策和它无关，你没有必要为无法改变的事情而懊恼。

事实也确实如此。对于只剩一只的袜子来说，无论它是否完好无缺，它对于我们来说已经失去了价值。在现实生活中，我们经常会遇到这种状况：两个人感情破裂，婚姻已经名存实亡，但是谁也不愿意离婚，认为如果离了婚自己过去那么多年的付出就白白浪费了；股市中很多人抱着一直下跌的股票不肯卖出，生怕哪天股市回暖自己后悔莫及；有些生活节俭的老人，舍不得丢弃已经报废了的电视机，反复地花钱找人修理……人们之所以对这些失去了的东西不能释怀，是因为人们在做决策的时候，不仅关心这件事现在对自己是否有益处，而且对过去自己在这件事上的投入心有不甘。

有这样一个真实的故事：

某企业用较低的价格在偏僻的市郊买了一块地皮，准备投资建一座奶制品加工厂。结果，从开始生产起就一直亏损，很不景气。但是管理者不甘心让已经投入的几十万元就此打了水漂，于是再投资 70 万元引进了德国先进的生产线，希望可以提高产品质量，进而增加产品的市场竞争力，结果由于市场已经饱和，再加上品牌没有竞争力，该工厂仍然亏损。由于已经投入了100多万元，要放弃，管理者就更不甘心了，所以又投入了300万元，希望可以扭亏为盈，然而，结果仍然是事与愿违……就这样，管理者前后总共投入了近千万元，却一分钱也没有收回。

很显然，这个事例中的管理者对“沉没成本”并没有十分清楚的认识，才导致了自己投资决策的失误。

在前面的曼昆教授“饭店是否关门”的案例中已经讲过，沉没成本拥有一个重要的特性——无关性。也就是说，不管企业或个人如何对之做出决策都难以改变。因此，对待沉没成本最好的办法就是不再考虑它。如前面提到的买电影票看电影的例子，如果电影不好看，可能会有两种结果：一种是忍受着看完，另一种是退场去做一些自己喜欢做的事情。因为你为电影票所付出的钱已经是沉没成本，所以就不应再考虑这件事情了。如果你觉得自己花了钱但是不看电影太不合算了，而强迫自己痛苦地看完电影，这就没有抛开沉没成本来考虑，就容易导致决策失误；相反，如果你的考虑是，如此乏味的电影简直就是浪费你的时间，还不如去做点别的有意义的事情，这样的抉择才是理性的、明智的。

如果在决策过程中，无法丢开沉没成本，那么往往会产生更多的沉没成本。如奶制品加工厂的事例中，如果管理者能够抛开沉没成本来决策，就不会造成巨额的亏损了。因此，决策过程中，应该从自身和外部情况等诸多方面做出准确的判断，避免决策失误；当然决策失误也是难以避免的，那么，一旦出现则需要避免将错就错，一错到底，要抛开已经沉没的成本来做出新的决策，以使损失降到最低。

无论做任何事情都要记住这样一点：不管沉没的是什么，沉没了多少，无论你怎样介怀，对未来而言都没有任何意义，所谓覆水难收就是这个道理。唯有彻底放弃那些沉没的东西，才是最明智的选择，才是智慧的体现，才能够迎来一个更加美好的未来。

经济启示录

沉没成本是指过去的决策已经发生了，它所造成的成本是不能由现在或将来的任何决策而改变的，它与现在的决策无关。无论企业或个人，在做决策的时候，要切记沉没成本的无关性，唯有彻底放弃那些沉没的东西，才是最明智的选择。

机会成本：是继续上大学，还是工作

当你非常幸运地同时收到某知名大学研究生录取通知书

和某知名企业的工作录用通知，你高兴之余，还面临着一个让人苦恼的问题，那就是如何进行选择？无论放弃哪个，都意味着放弃一个非常难得的机会。

这就涉及经济学中的一个重要原理——机会成本。曼昆是这样定义机会成本的："一种东西的机会成本是为了得到这种事物所放弃的东西。"

曼昆在《经济学原理》中阐释了一个关于是否上大学的案例：

上大学获得的主要利益是增加了知识，并且很可能在今后的人生中帮助你得到更好的工作机遇。但是付出的成本是什么呢？要找到这个问题的答案，你首先会想要上学需要的学费、书费、住宿费和伙食费，但是这些钱的总和并不是你为上学所放弃的全部东西。

这个计算方法有两个缺陷：第一个缺陷，它计算的一些成本并不是真正的上大学成本。就算你离开了学校，你仍然需要吃饭和睡觉的地方，只有当大学里的住宿费和伙食费比别的地方贵的时候，贵出的这部分钱才能算作上大学的成本。第二个缺陷，这个计算方式没有计算上大学最重要的成本，也就是你付出的时间。当你把这部分时间用来上学之后，你就不能用它来干别的事情，如工作。对于大部分学生来说，不得不舍弃的工作收入是他们为上大学付出的最大单项成本。

在这个案例中，读大学的机会成本就是实际付出的金钱和时间，再加上舍弃的工作收入。在本节开始提到的关于选择知名大学读书还是去知名企业工作的问题，当你选择知名大学读书，被放弃的知名企业工作就是你付出的机会成本。

在现实生活中的很多领域都存在着机会成本。比如，在围棋对弈中，人们往往面临两种选择：一种是向中央跳出，争取广阔的天地；另一种是坚实地在低线守空，把看得见的好处拿到手。这样一来，选择前者，一旦在扩张过程中失利，不仅不能取得更广阔的地域，而且会失去自己的领地；选择后者，虽然能够偏安一隅，但是却很有可能丧失发展的先机。选择前者还是选择后者，几番思量仍然难以决断，而难就难在对于机会成本的衡量。

机会成本主要应用在决策过程中，在决策中，选取最优方案的机会成本是放弃次优方案而损失的“潜在利益”。通常情况下，机会成本小的会被首先放弃。比如，在《孟子·告子章句上》中，对于孟子来说，“鱼，我所欲也，熊掌亦我所欲也；二者不可得兼，舍鱼而取熊掌者也”，这里的鱼就是孟子付出的机会成本，因为对于孟子来说，熊掌要比鱼贵重得多，鱼的机会成本比较小，所以成为被放弃的一方。

此外，由于资源的稀缺性，当我们将一定资源投入某一用途后，也就等同于放弃了资源在其他用途中所能获得的利益，这就产生了机会成本。例如，你拥有一套房屋，如果用来居住，你的机会成本就是出租所获得的利润；如果用来出租，则放弃了居住所获得的利益，同样产生了机会成本。

在企业管理决策中同样会时时碰到类似的情况。如某企业计划对某个山区进行投资，那里既有秀丽如画的风景，又有丰富的大理石矿。那么，是将这个山区投资建设成一个旅游区，还是建设成一个大理石矿区呢？建设成大理石矿区能够开采大量高价值的大理石，可以得到立竿见影的经济回报，但是势必会破坏环境；而如果将之建设成旅游区，虽然不能快速回笼资金，但是从长远来看，收益是非常巨大的。那么作为企业管理者来说，应该如何衡量机会成本，进而做出决策呢？

在现实中，有些机会成本是可以用货币来衡量的，如将一定的资源用于发展养殖业，那么是开设养兔场还是养鸡场呢？假设养兔的收益是 X 元，养鸡的收益是 Y 元，而 X>Y，那么，由于养兔的机会成本 Y 小于养鸡的机会成本 X，因此，我们会选择养兔。当机会成本可以用货币来衡量的时候，可以根据对市场的预期，大体计算出机会成本的数额，进而做出明智的选择。然而，还有的机会成本涉及人们的情感、观念、感受等内容，是无法用货币衡量的，这样，选择就变成了一件相对困难的事情。比如，公司决定裁员，那么是裁去为公司创造较少效益但是跟随自己多年的老部下，还是裁去为公司带来相对较多效益的新人呢？

可以说，机会成本的影响遍布了企业管理的各个角落，投资什么项目、将任务安排给哪位员工、和哪家公司合作……只要有选择，就需要考虑到机会成本问题。选择，固然是让人苦恼的，但是有选择才有自由，因此，作为管理者来说，一定要根据企业的实际情况，综合考虑内、外部环境因素，充分衡量得失，果断、快速地做出当前形势下最有利的选择。唯有这样的管理者，才是一个合格的、能够引领企业走向辉煌的管理者。

经济启示录

在曼昆教授举的“是否继续上大学的策略”案例中，上大学需要支付的金钱、时间以及放弃工作的收入的总和就是上大学的机会成本。在实际生活中，无论是个人还是企业，在做任何选择的时候必须衡量机会成本。

边际：1982 年的“拉菲”为什么也会不好喝

近些年法国拉菲红酒在我国备受追捧，尤其是 1982 年的拉菲，因为品质优良加上产量较低，其价格屡创新高。“1982 拉菲”可以说是酒中上品，但是有时候 1982 年的“拉菲”也会不好喝，你知道其中的原因吗？

谈到这个问题，就涉及一个概念——边际。

曼昆教授在他的《经济学原理》一书中总结了十大经济原理，“理性人考虑边际量”是其中之一。

曼昆举了这样一个案例：考虑某个航空公司对等待购买他人退票的乘客收取多高费用的决策。假定一架拥有 200 个座位的飞机横穿美国大陆一次的成本是 10 万美元，这时候每个座位的平均成本是 10 万美元 ÷200 个座位 =500 美元，按照常人理解，航空公司的售票价格绝对不会低于 500 美元。但是实际上，一个理性的航空公司并不会这样做，他们会通过考虑边际量而使自己的利润得以提高。假如一架飞机在起飞前仍有 10 个座位没有卖出，而等待购买他人退票的乘客同意以 300 美元换取一张票，那么航空公司是否应该卖给他一张票呢？答案是肯定的。只要飞机有空座位，增加一位乘客的成本是微乎其微的。虽然我们刚才计算过每个座位的平均成本是 500 美元，但是边际成本不过是这位后增加的乘客将免费喝一罐饮料和吃一包花生的成本罢了。只要等待购买他人退票的乘客愿意出的钱大于这个边际成本，卖给他机票就能够产生利润。

曼昆认为：“经济学家通常假设，人是理性的。在可用的机会成本为既定的条件下，理性人系统而有目的地尽最大努力去实现目标。”“理性人一般通过计算边际成本和边际效用之间的关系来做决策。”

很明显，无论是企业还是个人在做决策的时候，只有当边际效用大于成本时，才能够采取这种行为，否则就要选择放弃。只要还有空位没有售出，航空公司做出打折售票的决策实际上是理性的决策，通常情况下即使飞机票打一折的售价也是高于飞机上提供的免费餐饮这个边际成本的。再如，在“沉没成本”一节中关于饭店老板在决定是否提供午餐的案例中，只要从顾客那收取的利润大于员工工资和原材料费用这些边际成本，就应该营业。

“边际”是经济学中的一个重要概念，边际效用是指每个单位新增商品或服务为消费者带来的新增效用。在商场竞争中，赠予对方额外的商品，满足消费者都想占小便宜即获取额外效用的心理，就是运用的边际效用原理。有这样一个故事：

在一个海鲜市场里，林女士经营的海鲜店生意最好。人们都喜欢去她的店买海鲜，在林女士旁边开店的陈先生非常困惑：他的海鲜跟林女士的货一样新鲜，而且价格也不比她的贵，服务态度也很好，为什么生意却不如她的好。

为了解开心里的疑惑，陈先生开始注意观察林女士的生意是怎么做的。一段时间后，陈先生终于发现了林女士经营的秘密。原来，林女士总是额外送顾客一些水产。比如，一位老大妈花了 35 元买了一斤鲜虾，林女士在给老大妈装袋子的时候，会再多放一只虾送给她，尽管这只虾不是很大，但是老大妈却因此而一脸高兴，下次也就还愿意来光顾了。

在这个事例中，林女士之所以能够将生意做得风生水起，是因为她充分地利用了经济学中的边际效用原理。额外赠送的水产品满足了消费者爱占小便宜的心理，这种新增的效用会让消费者认为林女士家的产品更便宜，因而大家更爱光顾林女士的海鲜店。

通常情况下，边际效用会随着新增量的数量增加而递减，也就是我们通常说的边际效用递减。例如，当一个人很饿的时候，他吃一个馒头，会觉得这个馒头给自己带来的效用很大，能够从中得到 100 个单位的快乐；然而再多给他一个馒头，这时他从增加的一个馒头中获得的快乐就减少为 50 个单位；再给他第三个馒头，他获得的快乐值是 10 个单位；给他第四个馒头是 0 个单元；给他第五个馒头时他已经开始厌倦，他所获得的快乐值是负的……每多增加一个馒头，吃馒头的人从这个馒头中获得的快乐，也就是效用就减小一些：第一个馒头的边际效用是 100 个单元，第二个馒头是 50 个单元，第三个馒头是 10 个单元，第四个馒头是 0 个单元，以此类推，边际效用呈现递减变化。

现在就可以解释本节开始提到的那个问题了——为什么有时候 1982 年的“拉菲”也会不好喝？假设喝第一瓶 1982 年的拉菲的人获得的满足感是 100 个单位，然后再给他增加一瓶，他从第二瓶拉菲中获得的满足感就减少为 80 个单位，第三瓶拉菲就减少为 40 个单位了，第四瓶就变成 0 个单位了，这时候拉菲就变得不好喝了。这就是边际效用递减。即使是山珍海味，天天吃也会腻烦，就是这个道理。

几乎所有商品的边际效用都呈现递减趋势，即使是作为特殊商品的钱也是一样的。一个人在自己的一生中第一次挣到 100 元钱的时候，他会觉得很高兴，认为这 100 元很有价值；挣到第二个 100 元的喜悦度就变少了，挣到第三个 100 元的喜悦度就更少了，直到最后他再得到 100 元后根本就没有任何兴奋情绪了，这时 100 元钱的边际效用就接近于 0 了。这也是很多消费者越是得到更多的赠品，越是觉得不满足的原因，所谓“人心不足蛇吞象”就是这个道理。

当然边际效用递减也是有其前提的，必须是在其他商品的消费数量保持不变的前提下，这个规律才能成立。如果我们打破这个前提，就能够使得边际效用递增，一方面使得顾客从消费行为中获得更大的快乐，另一方面使商家获得更多的利润。

比如，“十一黄金周”的问题，在 1990 年的时候，第一个“十一黄金周”推动了旅游业的发展，自此，连续几年之内，效用都极高，然而，随着时间的推移，这种效用也在逐渐减少。例如，据上海旅游局统计，在 2005 年“十一黄金周”所接待的观光游客比 2004 年同期减少了 2.84%。为了缓解旅游业逐渐下滑的行情，相关部门对飞机票、火车票等推出了不少优惠政策，由于交通费的优惠政策，使得人们在交通方面的开销减少，也就更加愿意在“十一黄金周”的时候出门旅游了，在 2006 年，各地接收观光游客的数量明显回升。换句话说，交通方面消费情况的改变，提高了人们对“十一黄金周”的消费热情。

总之，边际效用广泛地存在于生活的方方面面，我们应该在了解边际效用的基础上，尽量采取相应的措施来减少和阻止边际效用递减，保持经济持续增长。

经济启示录

曼昆列举的“航空公司机票售价”的案例中，正确计算边际成本和边际收益之间的关系，有利于航空公司合理定价，并获得更多的利润。由此可见，掌握边际概念对实际生活有很大益处。比如，林女士的海鲜生意之所以做得好就是因为利用了边际效用原理。此外，了解边际效用递减可以帮助我们解释生活中的很多现象。

效率与公平：分面包有多难

假设因为某些原因你和6个陌生人需要共处一年，每天早上都会有人为你们免费提供一个新出炉的面包。那么要如何分配这个面包呢？选取何种分配方式才能让所有人都满意呢？

关于分配的问题，可以总结为一句话——如何实现公平有效的合理分配？

哈佛大学政治学教授迈克尔·桑德尔在中国备受欢迎，他的“Justice”（公平、公正、正义）授课视频在互联网上公开后，引发了中国大学生的学习热情。

2011年5月22日，在复旦大学报告厅里，桑德尔教授举行了一场与其新书《公正：该如何做是好》同名的讲座，讲座以“涨价”开题。倘若一场大雪突然袭来，杂货店老板趁势提高雪铲的价格；倘若日本地震后，销售点提高瓶装矿泉水的价格；倘若Lady Gaga举办个人演唱会，黄牛党借机高价卖票；倘若某大学招生，对学校捐助多的人可以免试获得入学资格；倘若医生看病，谁出的钱多谁就能先看病，那么，这些做法公平还是不公平？

桑德尔教授和复旦大学的学生们就上面的案例分别进行了激烈的讨论。讲座结束后，他这样总结道：“在市场经济条件下，存在这样一种诱惑，那就是假定市场自己能够实现公平。但是通过今天的讨论，我们知道这是错误的。市场只不过是一种有效的手段，可以帮助国家提高GDP、实现经济繁荣，不过最近几年人们已经开始忧虑，市场已经开始侵蚀和改变那些非市场的事物和价值观。诸如教育、医疗等涉及伦理道德的重要资源。所以，我们现在应该考虑市场的局限性而不是它的优势，思考和讨论那些用金钱无法买到的事物和价值观。”

经济学者普遍认为，效率和公平往往很难兼顾，要实现公平就难免要牺牲效率，要实现效率就必然会造成不公平。

不过，正如桑德尔教授所言，在以效率为先的市场经济体制下，我们更要关注公平，关注那些无法用金钱衡量的社会价值观和道德伦理。

在经济学上，公平是指人们之间的利益关系以及行为、原则、制度等都与社会发展的需求相契合。效率是指人们在生产实践过程中的成本和效益之比，比值越大效率越高。公平和效率之间的关系并非不可调和，只要找到两者之间的契合点或是平衡点，就能实现两者的兼顾发展。不过，在实际操作中，因为个人私欲、价值观以及政治、经济等其他方面的原因，这个契合点往往很难找到，实现公平往往要以牺牲效率为代价。

哈佛大学《哈佛深红色报》2006 年 9 月 12 日报道，哈佛大学正式宣布从 2008 年秋季开始，取消“提前录取”政策，同时哈佛大学也呼吁世界其他高校也重视这个问题。原因是哈佛大学认为这项政策对贫困生和少数族裔的学生不公平。此前“提前录取”这项政策在哈佛大学已经实行了 30 年。提前录取可以招收到更多具有天赋优势的优秀生源，这对于哈佛大学来说是一件一举两得的事情，不仅学生更容易培养，学校发展也会更快。这就是效率价值。

不过这种效率价值对公平是不利的。哈佛大学前校长德里克 · 博克说：“一些具有复杂背景和经济优势的学生可以通过提前录取的政策增加自己的录取机会，但是对于那些少数族裔和来自贫困地区的学生来说，他们很难得到这些机会。”

对于哈佛大学的这一举措，只有普林斯顿大学、弗吉尼亚大学选择跟进，而美国绝大多数采用提前录取政策的学校表示不会这么做，斯坦福大学更是称哈佛大学的这一行为“非常大胆”。哈佛大学当然知道舍弃这种效率价值会影响优秀生源的招生，显然，与效率相比，它觉得公平更重要。实际上，这种维护教育公平的行为，对哈佛大学的长远发展是有利的，这是社会文明发展的必然趋势。

然而，因为美国绝大多数高校没有选择取消提前录取政策，很多出类拔萃的学生都被其他高校提前录取，这让哈佛大学极为不安。2011 年 3 月，哈佛大学和普林斯顿大学宣布恢复“提前录取”的策略，哈佛大学在声明之中明确表示：之所以决定恢复提前录取，是为了吸引那些最优秀的学生。这次招生改革的失败，实际上还是一个效率和公平的冲突问题。在整个教育界几乎都崇尚效率价值的时候，哈佛大学提倡公平也是孤掌难鸣。

关于本节开始提到的分面包的问题，实际上涉及的就是一个效率和公平的问题。因为每个人都有自利的心理，所以很难实现绝对的公平。假设选择其中一个人来负责分面包，那么大家会发现总是分面包的人得到的面包更多；于是大家轮流主持分面包，这个时候又会出现问题，只有自己分面包的那天能吃饱，其余的六天都要饿肚子；最后大家共同选出一个品德高尚的人来负责分面包，开始还算公平，结果很快他和与他关系好的人总是分得面包比其他人多；无奈之下，大家决定成立一个分面包委员会和监督委员会，这个时候公平做到了，但是因为每次都要经过好多个方案的选择，等分完面包，面包已经变得又冷又硬了；最后大家发现，只有分面包的人要最后一份面包的时候，才真正实现了公平，因为倘若分配不均等，毫无疑问他只能吃到大家挑剩下的最小的那份儿。

在现实生活中，我们很难像上例中分面包一样找到兼顾效率和公平的策略，事实上，世界上不存在绝对的公平，公平都是相对的。在难以实现公平和效率兼顾的时候，政府、医院、学校等涉及伦理道德的重要资源，应该以实现公平为主。比如，政府应该以保证绝大多数普通人的利益公平为根本，加快社会福利和保障体系的全面建立。对于以效率竞争为主的市场，仍然以市场规律为主导，以宏观调控为辅。此外，政府对医院、学校等非营利性机构要加强监管。这样一来，就能够有效地减少效率和公平之间的冲突和困扰。

经济启示录

哈佛大学取消“提前录取”是为了实现招考的公平，改革的失败是因为在整个教育界不跟进的情况下，哈佛大学的招生效率受到了很大影响。由此可见，效率和公平很难兼顾平衡。

第二章

供需与经济学："市场先生"是好友还是损友

在社会主义市场经济体制下，"市场先生"的作用是不容忽视的。了解市场规律，如价格供需法则、价值悖论等，可以让我们更清晰地了解现实生活中的很多经济现象。比如，食盐为什么不降价、钻石为什么比水贵等。然而，"市场先生"也并不是万能的，市场也有失灵的时候。因此，我们应该辩证地看待"市场先生"的作用，具体情况具体分析。

价格：理发为什么花这么多钱

随着通货膨胀的加剧，许多商品和服务的价格一涨再涨，不过这些价格都还在人们可接受范围之内，但曾经有两名学生在郑州遭遇天价理发，理发均价达到了 6000 元。这样的定价合理吗?

要想解释这个问题，首先要了解价格的本质以及影响价格的因素。

经济学上普遍认为商品的价值取决于生产商品的社会必要劳动时间。随着科学技术的进步和社会的发展，劳动生产率不断提高，单位商品中所包含的社会必要劳动时间也越来越短，也就是说商品的价值不断降低，商品的价格也就会不断降低。因为根据价值规律，价格是围绕价值上下波动的。

现在我们就可以解释本节开始提到的天价理发事件是否合理了。根据价值规律，价格高于或低于商品价值都是正常的，虽然价格有升有降，但是仍然以价值为轴心而变动，也就是说价格不能过分偏离价值。在目前的社会主义市场经济体制下，除了少数生活必需品由国家定价，大部分商品的价格主要依靠市场进行调节。

正因为这样，有些经营者误以为自己可以随意定价，这样才会出现之前提到的6000元天价理发事件了。很显然，6000元的价值已经远远偏离了理发这项服务的价值了，这种行为已经属于强迫交易犯罪了。虽然，国家没有明确理发的价格，但是他们的定价也必须遵循价值规律以及国家相关法律的规定。

影响价格的两大因素是生产成本和利润。商品的生产成本是指生产单位在生产商品或为消费者提供服务的过程中而产生的各项生产费用；商品的利润是指生产单位销售商品获得的收入去掉成本价格以及税金之后的余额。需要强调的是，商品的生产成本应该和社会平均成本接近，商品的利润应该是社会的平均利润。社会平均成本与平均利润之和，就是商品的市场价格。

在郑州天价理发事件中，受害者的消费清单有一项是电发1680元，但是根据工商部门的调查，理发店使用的资生堂电发水，在当时的进货价为27.2元／盒，显而易见，理发店的利润已经远远超过了社会平均利润，这直接导致了客人理个发居然要付6000元的巨额账单。在价值规律中最重要的一点就是等价交换，理发服务和6000元理发费明显是不等价交换。据了解，这家理发店很快被停业整顿，其法人也因为犯强迫交易罪而被关进监狱。

在市场经济体制下，生产者在决定商品价格的时候要严格遵循价值规律，以社会平均成本加上平均利润的价格为参照标准，切不可漫天要价。否则，不但会损害消费者的利益，而且会受到道德的审判和法律的制裁。

经济启示录

郑州天价理发事件说明，在确定商品或服务的价格时，一定要遵循价值规律和国家相关法律。反之，违反价值规律定价，将会自食其果。在经济学中，价格绝不能偏离价值太远，它始终围绕价值上下波动。

供需法则：为什么苹果在旺季价格下降，海边别墅在旺季价格上升

许多商品的销售都有旺季和淡季，一般情况下商品在旺季的销售会有所下降，如苹果、橘子、西瓜等时令水果。但是，海边的别墅、应季新款服装等却在旺季价格上升。为什么苹果在旺季价格下降，海边别墅却在旺季价格上升呢?

谈及这个问题，我们必须了解供给和需求之间的关系，只有这样我们才能知道这个现象产生的原因。

赫尔曼·西蒙，德国著名管理学思想家，他的《生机》

一书中曾经谈到供给和需求的关系：谈到需求或者说是销售危机，我们首先要了解供给与需求之间的关系——唯有这样，我们才可以选择最优的解决方案。为了更清楚地了解现在的处境，我们首先一起看一下经济景气时的供求关系。在经济景气时期，许多行业的需求都比供给高，需求持续高于供给的情况叫作卖方市场。涨价很容易实施，而且价格的确上涨了。需求高于供给这个情况说明商品的市场价格偏低，商家对涨价时机的利用还不到位。

理想市场的供求关系应该是平衡的，不过在现实中，几乎不可能出现这种情况。经济要么生产效能过剩，要么就是生产效能不足……在经济危机的境况中，需求突然大幅度下降。这种变化的结果是什么呢？原先的卖方市场演变成了买方市场。这时候企业就会面临减价的压力——这主要是因为消费者的购买力持续下降和同行业之间的激烈竞争。此外，企业本身也会由于想要尽快减少剩余物资而主动减价。

从西蒙教授的论点中，我们可以提炼出这样两点，一是当需求大于供给时，即成为卖方市场，这时候商品就会涨价；二是当供给大于需求时，即成为买方市场，这时候商品就会减价。

美国著名经济学家萨缪尔森曾经说过：“学习经济学其实非常简单，你只要掌握两个概念就可以了，一个是供给，另一个是需求。”那么经济学上是如何定义供给和需求的呢？

供给是指生产者在某段时间内，在某个价格水平上，愿意而且可以为市场提供商品或服务的数量。只有当生产者有供给的愿望以及能力时，这种供给才是有效供给。需求是指在某段时间内，在某个价格水平上，愿意并且可以购买商品或服务的数量。只有当消费者有购买意愿和能力之时，这种需求才是有效需求。

关于供需关系，通常人们都以为是需求决定供给，如冬天天气寒冷，人们需要羽绒服，市场上才会有羽绒服的生产和销售。但是，经济学者普遍认为需求能够主动适应供给。通常来说，供需平衡时，商品的市场价格即正常价格；当供给大于需求的时候，市场价格就会比正常价格低；当需求大于供给的时候，市场价格就会比正常价格高。

比如，我国古代“洛阳纸贵”的典故就是供不应求的案例。在当时的洛阳，很多人都抢着抄写左思的《三都赋》，这时候对纸张的需求就变得越来越大，当地纸张供不应求，如此一来造纸商和销售商就开始大幅提高纸的价格，造成了“洛阳纸贵”。再如，许多南方的水果，诸如火龙果、椰子等，运到北京价格增长数倍，这就是供需关系不平衡的结果。这些水果在当地产量高，供大于求，价格自然很低，而北京因为不是产地，这些水果供不应求，所以价格自然就高了。

现在我们就可以解决本节开始提出的问题——为什么苹果在旺季价格下降，海边别墅却在旺季价格上升呢？苹果和海边别墅的消费旺季虽然均在夏季，但导致它们消费量增加的原因是不同的。对于苹果来说，苹果的消费量增加是因为供给量增加所导致的，此时苹果属于供大于求的情况，所以价格下降；而对于海边别墅而言，海边别墅的消费量增加是因为人们对它的需求量增加所导致的，此时海边别墅属于供不应求的情况，所以价格才会上升。

一般而言，需求与价格成反比，也就是说价格上升，需求量就会下降，反之亦然。比如，在夏天我们都会吃冰糕，售价几十元甚至上百元的哈根达斯冰激凌销量很少，而一元钱一根的普通冰糕则销量非常大。价格和需求的这种关系被经济学者称为需求规律，即在别的条件不变的情况下，某种物品的价格上升，这种物品的需求量就会减少。

此外，市场环境的变化也会导致供需的变化。比如，2011 年日本发生大地震和核泄漏事件，菠菜、莴苣等蔬菜价格急剧下降，这主要是因为突如其来的核污染使得消费者对这些蔬菜的需求降低。再如，很多季节性度假村，在天气特别冷或是特别炎热的时候，房价就会降低，也是因为这个原因。

绝大多数商品都适应供需法则，但是有些炫耀性消费品不适应这些法则。比如，钻石、珠宝、古董等，它们的价格越高，很多富人对它的需要量反而会上升。

经济启示录

西蒙教授阐述了供需关系的法则，即供大于求时价格下降，供不应求的时候价格上升。苹果在旺季价格下降是因为产量增加，供大于求；而海边别墅在旺季价格上升是因为需求量增加，供不应求。

信息不对称：无名小卒可以成为洛克菲勒的女婿

在现实生活中，总会发生很多让我们感觉惊奇的事情，假如你有一个不学无术的穷邻居，突然娶了一个学历、外貌、人品、家世都非常优秀的妻子，你觉得不可思议吗？在美国有一个流传了很久的故事，讲述的就是这样一个故事：只要方法得当，一个穷小子一夜之间有可能成为洛克菲勒的女婿和世界银行的副总裁，这当然不是因为洛克菲勒不看重门当户对，那么是什么原因让一个无名小卒成为洛克菲勒的女婿的呢？

要了解这个问题的答案，首先要了解经济学中的信息不对称理论。

迈克尔·斯宾塞，美国著名经济学家，2001 年，斯宾塞因为对信息不对称理论的贡献获得诺贝尔经济学奖。从 20 世纪 70 年代开始，斯宾塞教授就致力于信息不对称的理论研究，也就是分析不同数量的信息是如何影响各种不同类型的市场的。

斯宾塞教授在一次采访中说道，在我们谈论经济的时候，我们总是以为每个人都懂得其中的道理，如消费者能找到销售者，或是所有的人都知道价格，然而实际上并非如此。对这个现象的发现非常重要。跟我一样获得诺贝尔经济奖的乔治·阿克尔洛夫，1970 年写过一篇深入透析二手车的文章《柠檬市场》，他认为二手车卖方比买方了解更多有关二手汽车的信息，这样买卖双方之间的信息就是不对称的。这样，卖方为了牟取更大的利益，就会用质量差的汽车充当质量好的汽车卖给消费者，最终使得质量最好的商品首先被驱逐出市场，接着是那些次好的，最终市场上剩下的商品都是质量最差的，这就会使得市场陷入崩盘的状态。又如，我尝试找到某种方法向你表明我有一辆质量非常好的车，这就是我提出的信号理论。倘若我的车从来没有抛锚过，不需要维修，可以提供担保书表示我的车质量非常好，如此一来，这种担保也许没什么价值，但是却向你传递了一个明确的信号，那就是我有一辆好车。在我能够提供别人没有的商品时，就是依靠信号的作用。

从斯宾塞教授的这段话中，我们能够提炼其中的两个关键词，即信息不对称和信号理论。交易双方拥有的信息数量是不对等的，双方处在不平等的状态，这就是信息不对称。

经济学上普遍认为信息不对称是指在市场经济体制下，市场中买卖双方不可能完全了解对方占有的信息，这种信息不对称会使得优势信息方为了获得更大的利益而损害处于信息劣势一方的利益。而传递怎样的信号可以说是谁能取胜的关键。

现在我们就可以来解释怎样让一个无名小卒成为洛克菲勒女婿了。

在美国的一个乡村，住着一位非常贫穷的老人，老人有三个儿子，大儿子和二儿子在城里打工谋生，小儿子在家照顾老人。一天，一个人找到老人跟他说："我要带你的小儿子去城里。"老人生气地拒绝了他。这个人又说："只要你同意我带你的小儿子走，我保证让洛克菲勒的女儿给你当儿媳妇，你觉得如何？"老头被"成为洛克菲勒女婿"这个诱惑打动了，同意了这个人的请求。

这个人回到城市，找到了美国首富石油大王洛克菲勒，他对洛克菲勒说："您好，洛克菲勒先生，我为您的女儿找到了一个不错的对象。"洛克菲勒不耐烦地说："你现在可以滚出去了。"这个人又说："倘若我给您女儿介绍的这个对象是世界银行的副总裁呢？"洛克菲勒被"世界银行副总裁"的职位打动了，同意了他的建议。之后，这个人又找到了世界银行的总裁，他对总裁说："您好，尊敬的总裁，我想为您推荐一位副总裁人选，而且您必须马上任命他。"总裁愤怒地说："你快滚出去，不要胡说八道。"这个人又说："倘若这个人是洛克菲勒的女婿，你觉得怎么样？”世界银行的总裁想了想，同意了。

如果事情真像故事中这样发展，那么老人的小儿子，一个普通的农村穷小子，不但会成为洛克菲勒的女婿，而且会成为世界银行的副总裁。当然，这只是一个关于经济学原理的小故事而已。

在这个故事里，这个人之所以能够取得成功，就是利用了信息的不对称原理。他掌握着老人小儿子的全部信息，而洛克菲勒和世界银行总裁并不知道这些信息，他们都只能从这个人口中获取信息。当然这件事成功的前提是洛克菲勒和世界银行副总裁并不相识，他们都只能通过这个人了解信息。

在现实生活中，我们在做决策的时候不可能掌握全部的信息，就像前面提到的购买二手车的案例一样，我们时刻都面临着信息不对称的问题。这个时候我们就要懂得规避信息劣势带给我们的决策风险。

经济启示录

斯宾塞的信息不对称理论，解释了如何让无名小卒成为洛克菲勒的女婿。由此说明，在现实生活中，掌握信息优势，有利于在买卖交易等许多问题上处于优势地位。

价值悖论：钻石为什么比水更珍贵

我们都知道钻石是非常昂贵的奢侈品，而水则非常廉价，但水是人们生活的必需品，钻石的用途却非常有限，那么钻石为什么比水更珍贵呢？

这个问题是经济学中的一个经典问题。谈到这个问题，就涉及经济学中的一个悖论——价值悖论。

曼昆从边际收益的角度阐释过这个问题，他说，有这样一个问题：为什么钻石那么昂贵，而水却非常便宜？水是人们生活的必需品，人们离开水将无法生存，而钻石并不是必需品；但是由于一些原因，人们愿意拿出更多的钱来购买钻石，却只愿意拿出很少的钱购买水。这是因为人们对任何物品的支付意愿都源于边际收益，也就是物品带来的额外收益。相反，一个人拥有某种物品的数量可以决定边际收益。水是不可或缺的，但是增加一杯水的边际收益非常微小，因为水资源比钻石资源多得多。人们生存并不依赖钻石，但是因为钻石数量很少，人们觉得增加一单位钻石的边际利益非常大。

曼昆认为只有当某种行为的边际收益比边际成本大时，一个理性的决策者才会选择这种行为。这就是人们为什么愿意支付高价购买钻石，而只愿意为水支付很少的钱。

亚当·斯密在他的著作《国富论》中曾说过，没有任何东西的用途比水用途大，可是它却不能用来交换任何东西……与之相反，一块钻石几乎没有什么使用价值，却可以购买到很多别的商品。

水对人们来说非常有用，不可或缺，但是水很廉价；钻石对人们来说用途有限，但是价格非常昂贵，这就是经济学上的钻石与水的悖论，也就是价值悖论。

实际上，价值悖论反映的就是市场条件下的供需法则，这是由于价格是由供给与需求一起决定的。英国著名经济学家阿尔弗雷德·马歇尔认为，人们愿意为水支付低价格，是因为水的供给量非常充足，所以一个较低的价格就可以获得水；但是，钻石的供给量很少，人们对钻石的需求又非常大，要想得到钻石就需要支付很高的价格，如此一来，供给和需求才能实现平衡。换言之，较低价格是水的均衡价格，而很高的价格是钻石的均衡价格，这是由于供给和需求的竞争造成的。

从商品的供给来看，因为水源供给充足，生产人们饮用水的成本很便宜，所以水的价格很低；钻石数量很少，很稀缺，生产装饰性钻石的成本非常高，所以钻石的价格很贵。换言之，物以稀为贵。

在现实生活中，很多商品都存在价值悖论。比如，黄金、白银、铂金以及古董等商品的价格很昂贵，但是它们只有炫耀性和收藏性用途，对人们的生存没什么作用；而大米、白面、蔬菜、水果等生活必需品，是人们生活中必不可少的物品，离开它们人们将无法生存，但是它们的价格很便宜。这和水与钻石的悖论原理是异曲同工的。

不过，价值悖论只有在市场条件下才能生效。有这样一个故事：

一个穷人，全部家当只有一只破旧的木碗。有一天，穷人跟随一条渔船出海，渔船在海上遭遇了海难，除了这个穷人，剩下的人都被淹死了。穷人被海浪冲上了一个海岛，岛上的部落首领看见穷人破旧的木碗，非常喜欢，于是用一大箱上好的珠宝换了这只碗。穷人回到家乡后，过上了富裕的好日子。

一个富人听说了穷人的故事，就想："一只破木碗就可以交换一大箱珠宝，倘若我给岛上送许多美味的食物，一定能换回更多的财宝。"富人装了一整船美味的食物和酒，千辛万苦才找到那个海岛。部落首领对富人的礼物也赞不绝口，表示要送给富人最贵重的礼物。富人以为自己能得到很多珠宝，但是部落首领居然把穷人的那只破旧木碗拿出来要送给他。原来这个海岛上有很多珠宝，但是这只木碗却是唯一的，所以这只木碗就成了岛上最贵重的物品。

从这个故事中，我们可以看出价值悖论并不是一成不变的。在与世隔绝的海岛上，饮用水很可能比钻石珍贵得多，在荒漠中一瓶水也比钻石要更为贵重。因为在海岛和荒漠中，最重要的是生存，而不是炫耀性消费。对于一个社会人来说，黄金、珠宝、钻石等奢侈品的边际效用很大，但是对于远离社会的个体人来说，钻石和石头无异。

经济启示录

曼昆认为边际效用的大小决定商品价格的高低，事实也确实如此。钻石之所以比水的价格贵很多，就是因为钻石的边际效用比水的边际效用大。不过，价值悖论并不是固定不变的，在荒漠等特殊环境中，水的价格也会超过钻石。

需求弹性：食盐为什么轻易不打折

为了吸引顾客、提高营业额，超市经常会搞一些促销打折的活动，如酸奶买二送一，饼干买一送一等，但是我们很少看见超市对食盐进行促销打折，因为国家对食盐的监控非常严格。食盐为什么轻易不打折？这其中隐含着什么道理吗？

实际上，从古至今食盐的价格都是国家调控的，不能随意涨价或是打折。促成国家对盐严格控制的因素是多方面的，从经济学的角度来说，需求弹性是造成国家对盐严格管制的主要因素。食盐不打折的原因可以归结为一句话——食盐的需求弹性很小。

曼昆在《经济学原理（微观经济学分册）》中详细阐述了需求弹性。他认为倘若一种产品的价格波动对其需求量的影响很大，这就表明这种产品富有需求弹性，倘若一种产品的价格波动对其需求量的影响很小，这就表明这种产品缺乏需求弹性。

曼昆教授总结了四条决定需求弹性的普遍规律：

一是相似替代品的可获得性。有相似替代品的商品往往具有需求弹性，如黄油和人造黄油是相似产品，一旦黄油涨价，而人造黄油维持原价，人们就会选择人造黄油，黄油的销售量就会大幅减少。而鸡蛋没有相似替代品，所以鸡蛋的需求弹性就比黄油小得多。

二是奢侈品和必需品。奢侈品具有需求弹性，必需品缺乏需求弹性。比如，就算医院看病涨价，人们生病后仍然必须去医院看病，所以看病人数不会大幅减少。但是，游艇涨价后，游艇的需求量就会减少很多。因为医疗服务是必需品，而游艇是奢侈品。

三是市场的定义。市场的需求弹性取决于我们如何界定市场的边界，狭窄定义的市场需求弹性较大，宽泛定义的市场需求弹性较小。因为狭窄定义的市场上的商品比宽泛定义的市场上的商品容易找到相似替代品。比如，食物市场很宽泛，找不到相似替代品，所以它缺乏需求弹性；冰激凌市场相对狭窄，很容易找到别的冷饮或甜品来替代，所以它富有需求弹性。

四是时间范围。产品的需求往往在较长时间内更富有需求弹性。比如，汽油上涨后，短时间内需求量不会减少很多，但是时间久了，人们会选择购买省油汽车或是乘坐公共交通工具，不开或少开汽车，几年内，人们对汽油的需求量会大幅减少。

需求弹性是指价格变化对市场需求的影响程度，也称为需求价格弹性。需求价格弹性等于需求变动量与价格变动量的比值，如果这个比值大于1，那么就可以说该商品需求富有弹性；如果这个比值小于1，就称这种商品需求缺乏弹性。

比如，一种香水价格升高10%以后，需求量减少了20%，那么需求弹性就为2，这种香水需求富有弹性。相对而言，食盐即使升价10%，其需求量也不会怎么变化，其需求弹性远远小于1，是一种非常缺乏需求弹性的商品。

对于商家来说，食盐缺乏需求弹性，降价与否都不会影响其市场需求量，商家以牟利为根本，所以超市只会选择那些富有需求弹性的商品，诸如饮料、牛奶等进行打折促销，而不会对食盐进行打折。国家之所以对食盐进行严格监管也是基于此。由于食盐缺乏需求价格弹性，即使价格高昂，市场需求量也不会下降，为了防止商家逐利而引发市场混乱，从而给经济发展造成不良影响，为了国计民生，国家才对其价格实行严格的监管。

食盐为什么缺乏需求弹性呢？主要是因为食盐是一种生

活必需品，并且没有相似的替代品。人们的生活离不开食盐，没有食盐人们将无法健康地生存，食盐打折也不会大幅影响需求量。与之相比，黄金、钻石、靓丽时装都属于奢侈品，它们富有需求弹性，商家对这些商品打折，可以增加人们的需求量，从而获得更大的利益。

那么，影响商品的需求价格弹性的因素主要有哪些呢？一般来说，决定某种商品的需求价格弹性的因素主要有以下几种：

第一种，消费者的需求程度。需求程度越大，需求价格弹性就越小；需求程度越小，其需求价格弹性就越大。比如，人们对食盐、蔬菜等需求程度很大，因此其需求价格弹性就小；相反，对奢侈品的需求程度小，其需求价格弹性就大。

第二种，商品的可替代程度。如果有许多商品都能替代一种商品，那么这种商品的需求价格弹性就大，如饮料；相反，能够替代它的商品越少，其需求价格弹性就越小，如一些特效药品。

第三种，商品本身用途的广泛性。商品用途的广泛程度与需求价格弹性成反比，如水和电用途很广泛，其需求价格弹性就很小，即使价格上涨，其需求量也不会有太大变化。

第四种，商品使用时间的长短。一种商品能够使用的时间越长、越耐用，那么它的需求价格弹性就越大，如电视、汽车等；相反，如果具有时效性，其需求价格弹性就小，如日报。

第五种，商品所占的消费者支出的比例。比例小的，如牙膏、纸巾等，需求价格弹性就小，反之则大。

需求弹性对企业营销方案的制订是至关重要的。例如，由于饮料的需求弹性很大，因此生产厂商对于价格的调整就非常谨慎，如各种可乐、各种果汁、各种奶茶等饮料，除非做特别的品牌包装促销，不然价格一般不怎么上涨。一种饮料的价格上涨，势必会造成客户的流失，导致销量迅速下降，给企业带来负面影响。而适当降价，则会使销量大幅提高，反而为企业创造更多的利润。

相反，如果商品需求弹性很小，企业即使提高价格，销量也不会大幅下降，这样就能够提高企业收益；而降低价格，也不会让销量有什么增加。因此，企业在制定价格的时候一定要充分考虑产品的需求弹性。

经济启示录

根据曼昆教授关于需求弹性原理的阐述，食盐之所以不打折是因为它是人们生活的必需品，缺乏需求弹性，打折与否都不会影响人们对其的需求量，所以商家为了获取最大的利益，只会选择那些富有需求弹性的商品进行打折促销。由此可见，掌握需求弹性原理，有利于企业制订更为科学合理的营销计划，从而获得更大的利益。

竞争：雷克公司为什么会昙花一现

现代社会竞争无处不在。倘若经济领域没有激烈的竞争，就不会有各种各样的商品，就不会有生机勃勃的市场，也就不会有丰富多彩的生活。然而有竞争的地方就会有成功和失败，雷克公司曾经是风靡一时的航空公司，然而仅仅五年时间雷克公司就宣布破产了。那么雷克公司为什么会昙花一现呢?

要解析雷克公司失败的原因，首先要了解什么是竞争。

迈克尔·波特，著名管理学家，被商业管理界誉为“竞争战略之父”，在2005年世界管理思想家50强排行榜上，他位居第一。

波特教授最为著名的理论是他提出的“五种竞争力量”和“三种竞争战略”。其中，五种竞争力量即著名的“五力模型”，分别指供给者的议价能力、客户的议价能力、潜在加入者的威胁、相似替代品威胁以及行业内部现有其他企业的竞争力。“五力模型”大量被应用于咨询行业对目标客户的产品竞争力进行全方位的综合评估，已经成为咨询行业的典型分析模型之一。而三种竞争战略分别是总成本领先战略、差异化战略以及市场细分策略。在客户众多的市场范围内，以产品整体的成本优势或者产品的差异化来争夺客户；而在较小的市场范围内，则细分客户群体，采取有针对性的竞争策略。波特认为，“竞争优势是企业一切战略的核心，要想得到竞争优势就必须决定在哪一个范畴获得优势，并且做出明确的选择。全方位出击的想法不仅缺乏战略特点，也会让企业表现失常，换言之，企业没有任何竞争优势”。

那么什么是竞争呢？在市场上，经济主体为了获得更多的利益，和既定对手持续斗争的过程，这就是竞争。在经济学上竞争又称为完全竞争，是指市场完全由看不见的手，即价格来调节供给和需求之间的关系。

完全竞争存在具备四个条件：

第一，企业在完全竞争市场上销售的全部是标准化的商品。也就是说，同一种产品之间没有差别，它们都是同质的，既然产品都是一样的，那么消费者便不会比较不同厂家商品的质量，对他们来说，购买哪家厂商的商品并无差异。

第二，市场上有无数的买者和卖者，由于每一种商品都具有足够多的需求者和供给者，那么其中任何一个供给方的卖或不卖、需求方的买或不买都不会对市场产生影响。

第三，市场资源可以完全自由流通，企业可以自主选择进入或退出市场。

第四，所有市场参与者都掌握了市场的全部相关信息，不存在信息不对称。既然信息是非常充分的，那么就不存在由于信息不对称导致市场同时存在几种价格的情况，因为信息充分，如果价格高出同类商品，那么其厂商势必被市场淘汰。

换言之，在完全竞争市场中，供给和需求是唯一能够影响产品价格的因素，而且每种产品的价格必然是均衡价格。

然而在现实情况下，这四种情况都很难满足。首先，多个生产厂家的产品质量往往是参差不齐的；其次，市场上的供求实现平衡的情况也非常少见；再次，企业进入和退出市场并不那么自由；最后，生产者和购买者之间的信息往往是不对称的。

雷克公司的破产就是个很好的例子：

1977 年，英国人弗雷迪·雷克看到航空市场的利润空间，创办了雷克航空公司。雷克公司的飞机主要经营从伦敦直飞纽约的航班，单程票价 135 美元，当时航空市场上的最低票价是 382 美元，与之相比，雷克的机票相当便宜。毫无悬念，雷克公司依靠价格优势生意兴隆，1978 年雷克获得英国爵士荣誉。到了 1981 年，雷克公司一年的营业额超过了 5 亿美元，这让他的同行们感到非常不安，甚至有点气急败坏。但 1982 年，红火了五年的雷克公司突然破产，从此再也没有出现过。

这到底是为什么呢？其实原因很简单，他的竞争对手们，包括环球公司、英航公司、泛美公司以及其他一些公司在内，采取了联合对抗政策，这些航空公司统一降价，甚至比雷克公司的票价还要低。这样一来，许多原本是雷克公司的乘客都转向了其他公司，雷克公司的生意一落千丈。此外，这些公司还联合向各大银行、金融机构施压，以阻止雷克公司获得贷款，迫使其最终以破产告终。等到雷克公司消失后，它们又将机票售价恢复到了先前的高价水平。

在雷克公司和其他航空公司的竞争中，雷克公司的竞争优势是低价，当其他航空公司联合降价，甚至比雷克公司的票价更低的时候，雷克公司就完全失去了竞争优势。由于大量私有信息的存在，使得雷克并不知道其他航空公司联合抵制自己的事情，这种信息不对称使得他对于突如其来的灾难毫无准备；当然，即使他知道竞争对手们的全部信息，也很难取胜，因为他要面对的几乎是整个航空运输行业的联合制裁。

雷克公司的竞争对手们实际上就是经济学上的寡头。在一个市场上有为数不多的几个企业供给某个产品或服务，它们占据较大的市场份额，并且同意协议定价，这些企业就叫作寡头。寡头们往往会利用自己强大的实力，打压其他公司，以维护自己的霸主地位。雷克公司之所以昙花一现，一是没有可持续发展的竞争优势，二是被寡头打压。

竞争可以使得经济充满活力，促进生产者提高劳动生产率、提高产品或服务质量、降低价格。完全竞争市场对于买卖双方都是有利的，企业可以获得正常利润，消费者能够用接近商品价值的价格买到称心的产品。雷克公司的低价售票对乘客和雷克公司来说是双赢的，而寡头联合打压雷克公司，等到雷克公司破产后又提高票价的行为，是对乘客利益的损害。

在实际生活中，农贸市场比较接近完全竞争市场模型，那么在完全竞争市场或者近似的市场里，面对同质同价的状况，商家应该怎样才能尽可能多地获取利润呢？在这样的市场里，竞争激烈，卖家要想多获得利润，就只能在降低成本上做文章，如可以想办法降低运费、减少商业开支等；此外，商家还可以进行价格外的营销竞争，你可以用自己热情周到的服务、给产品贴上标签、精美包装等方式来吸引顾客。

经济启示录

正如波特教授所言，竞争优势是企业的核心，雷克公司之所以昙花一现就是因为它选错了竞争优势策略——低价策略。由此可见，企业在市场竞争中要选择可持续发展的竞争优势，还要避免成为寡头的对手。

市场失灵：雷曼兄弟公司为什么破产

在现实生活中，依靠市场的自主调节很难产生最大的经济利益，也很难产生公平的社会分配。2008 年美国四大投行之一的雷曼兄弟公司宣布破产，总裁理查德 · 福尔德一夜之间从商业巨擘变成败军之将，从拥有亿万资产的富翁变成穷汉。是什么力量让实力雄厚的雷曼公司快速崩盘？这其中究竟隐藏着什么秘密呢？

要想了解这个问题的答案，首先要了解经济学上的一个重要概念——市场失灵。

曼昆教授如是说认为，市场势力与外部性是市场失灵这一普遍现象的例子，市场失灵通常是指某些不受管制的市场无法实现资源的有效配置。一旦发生市场失灵，公共政策能够纠正这些错误并且可以提高经济效率。换言之，当市场无法依靠价格机制调节供需关系，政府干预可以有效地解决这种问题。

经济学博士查尔斯·沃尔夫在《市场，还是政府：市场、政府失灵真相》一书中明确指出，在市场失灵的情况下，政府的干预和挽救是必不可少的；而在效率低下的时候，市场竞争的刺激也是不可或缺的。在经济发展中，市场与政府都扮演着非常重要的角色。

曼昆教授认为在某些市场上，只有一个（或一小群）买者或卖者能够控制商品的市场价格，这种影响价格的能力叫作市场势力。市场势力能够让供求失去均衡，使得市场毫无效率可言。此外，他认为在现实市场中，买卖双方的决策不仅会影响买者和卖者，而且会影响不参与市场的其他社会人，如生产过程导致的污染就是一个典型的例子，这种负面作用就叫作外部性，它使市场福利不仅取决于买卖双方的成本和利益。因为买卖双方在决定消费量与供给量的时候没有考虑到这种外部性，因此从整体社会利益来看，这种市场均衡也是没有效率的。

经济学者普遍认为，完全竞争市场可以有效地实现资源的最佳配置；不过在现实经济中，完全竞争市场是理论上的一种假设，这种假设的条件非常苛刻，现实中很难全部满足这些条件。因为外部性、垄断（市场势力）、信息不对称以及在公共物品领域，单靠价格机制调节供求，无法实现资源的最优配置，这时就出现了市场失灵现象。依据曼昆教授和沃尔夫博士的观点，在市场失灵的时候，政府的调控和挽救是非常必要的。

现在我们一起来看雷曼兄弟公司破产的真实过程：

2008 年对于全球金融市场来说都是一个灾难之年，这一年美国的五大投行，贝尔斯登被摩根大通收购、雷曼倒闭、美林被收购，只剩下摩根士丹利和高盛。从 9 月 9 日开始，雷曼的股票一路暴跌，短短一周股价暴跌 77%，雷曼公司的市值从 112 亿美元缩水至 25 亿美元，9 月 15 日美国四大投资银行之一的雷曼兄弟宣布破产，这意味着这家拥有 158 年历史的银行从此退出世界舞台。

金融创新出现之后，金融投资过于依赖数量化模型，然而市场理论的假设和市场现实严重脱节，投行对未来的业绩及资本收益的预测也过于理想化，严重偏离了现实。雷曼公司也犯了这样的错误，福尔德以及高管们把现实市场看成了理想的完全竞争市场，加上雷曼公司对于衍生工具市场设计得过于复杂，也使得问题出现后需要经过一个传导的过程，这样也使雷曼公司错过了自我挽救的最佳时机，最终因为政府拒绝援助而崩盘。实际上，雷曼公司破产就是一个典型的市场失灵案例，而美国政府的袖手旁观加速了它的灭亡。

那么美国政府为什么对雷曼公司袖手旁观呢？事实上，在美国政府援助了贝尔斯登之后，美联储就受到了美国民众的大量批评。民众普遍认为政府用纳税人的钱救援决策失误的私人金融机构是不可理喻的，何况谁也不能保证政府的救援行为不会使金融机构在投资的时候更加肆无忌惮，因此美国政府拒绝了雷曼公司的救援申请。美国政府认为投资失败就得承担责任，接受惩罚，这是自由市场的重要原则。

在现实经济中，市场失灵存在于各种领域中，包括医疗领域、金融领域、工业领域等。这就需要企业管理者在做决策的时候要慎之又慎，根据真实情况，而不是依赖对理想市场的假设。一旦市场失灵，人们往往立刻想要通过政府干预来挽救危机。不过在市场经济中，市场自主调节机制是主角，政府只是辅助的配角，有时候政府过度干预也会造成市场失灵。

经济启示录

曼昆教授认为在现实市场不仅要依靠其本身的自主调节机制，而且需要政府的干预，因为在很多时候会发生市场失灵的现象。企业管理者在做决策的时候，切忌过度依赖理论市场的模型，要根据真实情况理性决策。

第三章

消费与经济学：做最会消费的“聪明人”

在日常生活中，每个人都在进行消费，然而你真的懂得如何消费吗？商家真的会有那么多便宜给你占吗？消费是经济学的一个重要板块。了解使用价值、消费者剩余、价格歧视等概念，可以帮助你识破商家打折促销以及差别售价等把戏；而了解吉芬商品、炫耀性消费及冲动型消费等概念以及原理，则能够帮你控制住那些没有意义的消费欲望。你想成为最会消费的“聪明人”吗？本章的内容会对你有所帮助。

使用价值：最大码或最小码的鞋为什么总在打折

如果经常光顾商场，你一定会发现这样一个现象：最大码或是最小码的鞋总是在打折。那么你是否想过商家为什么要这么做呢?

关于这个问题的答案，可以总结为一句话——最大码或最小码的鞋使用价值小。

经济学上普遍认为商品的使用价值是所有商品共有的属性，通常是指能够满足人们某种需求的效用。使用价值是价值的物质承载者，也是构成社会财富的物质形式。任何商品都具有使用价值，但是拥有使用价值的物品并不一定是商品，如空气、山川、河流等自然资源，以及不能交换的物品，它们拥有使用价值，但是没有交换价值，因此不是商品。

物品的使用价值是依附于人的需求而存在的，因此它的价值体现在人们对于它的需求之上，一旦离开了这种需求与被需求的关系，物品就失去了使用价值。消费者在购买某种商品或服务的时候，首先要看的就是这种商品的具体使用功能，也就是其使用价值。

通常情况下我们购买商品就是为了获得商品的某种使用

价值。比如，我们购买大米、白面、蔬菜、水果、水等生活必需品，是为了获得它们补充身体消耗的使用价值；购买衣服、鞋子、帽子等，是为了获得它们遮蔽身体以及美化外表的使用价值；购买计算机、手机、相机等数码产品是为了获得它们即时通信、获得信息以及留住美好瞬间的使用价值。

我国古代著名思想家庄子在《逍遥游》一文中讲了这样一个有趣的故事：

惠施向庄子抱怨说："魏王给了我一颗大葫芦的种子，我把种子种在地里，结果结了一个特别巨大的葫芦，里面放五石粮食都绰绰有余。它的皮太脆，承受不了水的重量，没法存水；它太大，劈开它当瓢用，水缸里也放不下。它一点用也没有！我一气之下把它砸烂了。"

庄子说："我觉得不是瓢大没用，而是您不会使用。您一定听过，以前宋国有个人，懂得配制治疗皴手的药，因为有这个药方，后来他的后代都做了漂洗纱絮的工人。有一个南方人知道这个药方之后想重金买下，这家人商量之后觉得这笔买卖非常划算，于是把药方卖给了南方人。后来这个南方人把药方献给了吴王，在吴国和越国水战的时候，这个药方让吴国的士兵免除了手被冻裂的痛苦，而越国士兵的手被冻伤后战斗力下降，被吴军打得落荒而逃，最后越国只能投降。同一个药方，都是治疗皴手，有的人利用它治疗漂洗纱絮的工人，有的人用它治疗士兵从而打胜仗扩大疆域，这是使用方法的不同！现在您有一个巨大的葫芦，您为什么不把它劈开做小舟泛舟湖上，却在这里为它无用而心烦呢？”

惠施之所以心烦是因为他并没有发现大葫芦的使用价值，而庄子发现了它的使用价值，即能够做成小舟。可见，同一件物品，因为使用主体的不同，它就会发挥不同的使用价值。商场最大码和最小码的鞋子之所以打折，是因为大多数顾客并不需要这种号码的鞋子，也就是说对于大多数顾客来说这种号码的鞋子没有使用价值；但是对于脚特别小或是特别大的人来说，这些鞋子是具有使用价值的，商场为了吸引这些顾客来买这些鞋子，才做出打折的策略。

同理，因为在不同的时间或是不同的环境下，同一物品对同一主体也会体现出不同的使用价值，如同样一把雨伞，晴天的时候它的主人可以用它来遮阳，雨天的时候它的使用价值就由遮阳变成遮雨了。

需要强调的是，使用价值和交换价值也是不同的。第一，使用价值属于商品的自然属性，交换价值属于商品的社会属性。第二，使用价值是永恒存在的，交换价值只有依附在商品之上才能实现。第三，具有交换价值的商品一定有使用价值。第四，生产者生产商品是为了得到交换价值，消费者购买商品是为了得到使用价值。

商业评论网 2008 年 4 月 12 日登载的《劳力士：尊贵嬗变——奢侈品平面广告诉求》一文中这样写道：“如果说奢侈

品厂商生产了奢侈品的实体，即它的使用价值，那么营销传播的过程生产了奢侈品品牌的符号价值，这个生产过程包括了故事叙述以及氛围的营造，无论哪一个部分其实都是建立在消费者原有的认知和知识体系上，在奢侈品品牌的广告里，这样的故事叙述和氛围营造最后都被打包成奢侈感。”换句话说，劳力士表的价格是其使用价值加上品牌价值的总和，而且其价格远远高于它的使用价值。

当人们愿意花几万元去购买一个爱马仕的皮包时，有谁是为了消费这个皮包的使用价值呢？恐怕他们真正想要购买的，是皮包上面醒目的品牌标志所带来的成就感与满足感。正如让·鲍德里亚提出的商品的符号价值。

鲍德里亚对商品的价值属性评价后来被扩展和归纳成商品的三种属性，分别是核心使用价值、有形价值和附加价值。其中产品的核心使用价值即产品存在的意义以及对客户的基本价值。作为一个包，不管是什么品牌的包，都要满足其作为一个包的基本使用功能；有形价值是指产品在外观上或者形式上所展现给客户的直观体验，如包的外形设计，使用方法等；而附加价值则是在前两者的基础上，额外提供的价值，可以是有形的也可以是无形的，可以是免费的也可以是额外收费的。很显然，爱马仕商标的符号价值，正是属于产品的第三种属性，即附加价值中的一部分。

由此可见，商品的使用价值只占价格构成的一部分。

经济启示录

使用价值反映了人类和世间万物之间的关系，世间万物因各种不同的使用价值被人们发现和使用，从而形成了人们绚丽多彩的精神生活与丰沛充盈的物质生活。可以说，人们的所有活动都离不开万物的使用价值。但使用价值只是决定价格的其中一个因素之一。

消费者剩余：情人节的玫瑰花如此昂贵，为何买后会如此高兴

人们都知道，情人节当天，花店的玫瑰花价格会比平时贵很多，然而男人们还是会愿意在那天买一束玫瑰花送给自己心爱的女人。女人们收到美丽的玫瑰花非常开心，男人们也会因此很愉快。情人节的玫瑰花如此昂贵，为何人们买后会如此高兴呢？

要想知道这个问题的答案，首先要了解经济学上的概念——消费者剩余。

曼昆在他的《经济学原理》一书中讲到消费者剩余这一节的时候，写了这样一个充满趣味的案例：

假定你拥有一张全新的猫王首张专辑，由于你并不是猫

王的歌迷，所以你想要在一个拍卖会卖掉这张专辑。四个猫王的歌迷来参加你的拍卖会：约翰、保罗、乔治、瑞德。他们四个都想得到这张专辑，但是他们愿意出的价钱都是有限的：约翰最多愿意支付 100 美元，保罗最多愿意支付 80 美元，乔治最多支付 70 美元，瑞德最多支付 50 美元。买者愿意为某种商品支付的最高价格就叫作支付意愿，支付意愿衡量买者对商品的评价。每个人都想用低于支付意愿的价格购买这张专辑，并且不会以高于支付意愿的价格购买专辑，此外，当正好以支付意愿价格购买专辑的时候，他们持无所谓的态度。

为了成功卖出专辑，你以某个低价，如 10 美元为起拍底价。因为这四个人的支付意愿都比这个价格高，价格很快上升了。当约翰出价 80 美元（或是稍微高一点）时，叫价结束了。在这个点上，保罗、乔治、瑞德都不再出价了，因为他们三个都不愿意出高于 80 美元的价格。约翰拍得这张专辑，他付给你 80 美元（或是稍微高一点），很满意自己的成功。需要注意的是，猫王的专辑属于对这张专辑评价最高的人。

约翰从购买这张猫王专辑中得到的利益有哪些呢？从某种角度来说，约翰的这笔交易是划算的，他的支付意愿是 100 美元，实际上他支付了 80 美元就得到了专辑。我们可以说，约翰获得了 20 美元的消费者剩余。消费者剩余是指买方愿意为某种商品支付的量减去为这个商品实际支付的量。

马歇尔在其著作《经济学原理》中首次提出了消费者剩

余的概念。他认为一个人对一物实际付出的价格，往往不会超过甚至可以说很少达到他愿意支付的价格。所以说，他从购买这个商品中得到的满足，一般要比他因购买这个商品付出的代价而放弃的满足要高，这样一来他就从购买这个行为中得到了一种满足的剩余。为了得到商品，他愿意付出的价格，高于他实际付出价格的那一部分，就是用经济眼光衡量的剩余满足。这与曼昆教授对于消费者剩余概念的理解是一致的。

换句话说，人们在购买某种商品的时候，都会有一个主观的期望价格，如果在消费时实际花费的金钱比期望价格低，人们就仿佛在无形中获得了一笔意外财富，从购物中获得满足，并且价格低得越多，消费者剩余就越多，他获得的满足也就越高；反之，如果商品的价格高于他的期望价格，消费者剩余为负数，他就会放弃购买，因为他不能从消费行为中获得满足。

现在我们可以讨论本节开始提到的情人节玫瑰花的问题了。假设情人节当天玫瑰花 10 元一朵，人们购买它得到的满足是 20 个单位，放弃购买省下钱得到的满足单位是 5 个单位，购买玫瑰花要比不购买获得的满足高 15 个单位，这 15 个单位的满足就是消费者剩余。实际上，情人节玫瑰是一种爱的表达，这种爱的满足很难用经济价值来衡量。通常情况下，在情人节当天，只要玫瑰花的价格没有高得离谱，人们就会高兴地选购，因为即使支付比平时高的价格，人们的消费剩余仍然很多，这是一种很有趣的经济现象。

现在我们知道，商家为什么会乐此不疲地开展打 9 折、打 8 折，甚至打 4 折、打 3 折的活动了。这只是商家在“消费者剩余”问题上做文章，以吸引更多的顾客，从而提高销量、获取利润。我们逛街购物的时候经常会发现那些高档的精品屋里打 7 折、8 折的商品也要上千元。尽管如此，在高档精品屋里消费的顾客仍然是满心欢喜地掏钱买东西，其原因就在于所谓的 7 折、8 折给了顾客更多的消费者剩余。

商家善于通过提高顾客的消费者剩余来促成交易，但消费者也可以利用消费者剩余理论进行砍价。例如，当你在水果店看到刚上市的葡萄时，晶莹剔透的葡萄让你非常想买，如果这种购买欲望溢于言表，那么你无疑是在向卖水果的人传递“即使要你支付更高的价格，你的消费者剩余仍然很多”这样一个信息。这时，卖水果的人就会故意提高价格，让你高价购买，因此，如果你不想付出更多的钱买商品，就一定不要对商品表现出太多的喜爱，即使再喜欢也要尽量表现出无所谓的态度，甚至对该商品表现出“不满”，这样，商家会认为你的消费者剩余比较少，为了交易成功，也就不敢提高价格了。

作为消费者，一定要将自己的消费者剩余控制在合理的范围之内，要注重性价比，同时要注意不要将自己多出来的消费者剩余过于直白地表现出来。切记，你的消费者剩余表现出来得越少，商家就越不敢过多地抬高价格。

经济启示录

正如曼昆所言，人们对于每件商品都会有一定的支付意愿，只要商品的价格不超过这一支付意愿，人们都会乐于购买这件商品。支付意愿超过商品价格的部分就是消费者剩余。在现实生活中，买卖双方都可以利用消费者剩余这一原理为自己争取更大的利益。

吉芬商品：为什么价格越高越要去买

按照一般需求定律，商品的价格越高，人们对其的需求量就会越低。然而在现实生活中，我们会发现有些商品价格越高，人们越是争相购买，这是为什么呢？

要想解决这个问题，首先要了解经济学上的一个概念——吉芬商品。

曼昆在《经济学原理（微观经济学分册）》中曾经专门讲到过吉芬商品。曼昆认为有时候消费者会违背一般需求定律，并且在某种商品价格上涨时购买更多，这时候这种商品被称为吉芬商品。

为了说明吉芬商品，曼昆举了这样一个趣味盎然的案例：19世纪爱尔兰经历了一次饥荒，当时的土豆就是吉芬商品。当时的农产品价格都大幅度涨价，包括土豆、肉、奶酪。按照需求原理来说，它们的消费量都应该减少，然而人们对生活水平下降的应对举措是减少奢侈品——肉和奶酪，购买更多的土豆。所以说，土豆价格上涨并没有影响土豆需求量增加。

19世纪英国经济学家罗伯特·吉芬首先发现了这种反常现象，为了纪念吉芬，后来经济学者把那些随着价格升高需求量跟着增加的商品称为吉芬商品。爱尔兰土豆之所以成为吉芬商品，是因为虽然土豆、肉和奶酪都涨价了，但是土豆仍然是相对便宜的。人们为了生存，只能大幅度减少对昂贵商品——肉和奶酪的消费，而把省下来的钱购买土豆。

在现实生活中，吉芬现象很常见。比如，在竞争激烈、物价居高不下的北京，无论是城郊还是市中心，房租价格也是节节攀高。通常来说，房租升高，人们对居住环境差的城郊房子的需求应该减少，但现实中反倒有更多的人搬到城郊居住。因为相对市中心房租来说，城郊房租相对来说还是便宜的。这就形成了城郊房租升高，需求增加的吉芬现象。

吉芬现象为什么会存在呢？一些经济学家的解释是这样的，他们认为吉芬商品一般是廉价的生活必需品，而吉芬现象也多发生在低收入消费者中。比如，土豆是西方国家廉价的必需食品，土豆涨价就意味着低收入群体的生活必要支出增加，在收入不变的情况下，其相对收入就变少了，为了维持生存，人们只能减少肉类等昂贵食品的消费，将更多的钱花在购买土豆上。在我国，大米和白面是人们生活的必需品，在商品涨价，消费者收入不变的情况下，为了生存，消费者就会自觉减少用在其他食品上的消费，把节省下的钱用来购买大米和白面。实际上，吉芬商品在高收入群体中也是存在的，如在富人的炫耀性消费中，一种商品越是涨价，富人们对这种商品的需求越是增加。

吉芬现象是市场经济条件下需求定律之中的特例，客观存在而且不可避免。那么，吉芬商品真的违反一般商品需求定律吗？经济学上的需求定律是这样的："在别的条件不变的情况下，价格变动与需求量变动呈反向变动关系。"需要注意的是需求定律的前提条件，是"别的条件不变"，这个条件隐含了很多有关需求的概念，如"需求弹性"和"供给价格"。

以"下雨天雨伞涨价，需求量反而上升"为例，雨伞消费量的上升，不是因为价格上升，而是因为突然下雨的天气，这时候需求定律的"别的条件"已经发生变化了。下雨天人们对雨伞的"需求弹性"降低，价格已经不是影响购买的关键因素了，下雨天只要价格不是过分的高，人们就会选择购买雨伞。

总之，"吉芬现象"的存在，并不是否认需求定律的正确性，而是更加完善了需求定律。

经济启示录

曼昆所举的案例中，土豆是爱尔兰人民的廉价必需品，在收入不变的情况下，土豆价格虽然上涨了，但是人们对它的需求不减反增，土豆就是经济学上吉芬商品。在现实生活中，正确理解吉芬商品的概念有利于我们理解很多经济现象。

消费从众：人人都在跟的流行

你有没有想过，为什么你总是会受虚假广告的蛊惑而上当受骗？为什么你每次出门逛街都会买一些根本没用的东西，花很多冤枉钱？

事实上，影响你做出这些错误决策的是一种从众心理。也就是经济学上所说的消费从众。

哈佛商学院市场营销学教授安妮塔·埃尔贝斯通过对娱乐和文化产业的数据进行严密的分析，反驳了现在流行的长尾理论（关于该理论，本书第四章第五节详细论述）。

埃尔贝斯教授运用严格的统计方法对在线视频租赁与音

乐购买数据进行了分析，发现消费者的网上购物行为跟实体商店是相同的，热门产品市场地位的重要性仍然在不断提升，并没有因为“小众”产品而减弱。埃尔贝斯认为，即使是在文化消费里，我们往往也是特别从众的。我们倾向于体验别人曾经或正在感受的事情，单单是别人正在或曾经感受过以及热爱某种事物这个事实，就会让我们喜欢上某个商品。我们根本不是有着迥异文化品位的个人主义者，大多数人都喜欢有人告知我们应该追随些什么。

埃尔贝斯认为从众心理存在于每一个消费者的观念中，人们并不像自己所标榜的那样追求个性和与众不同。

是的，在现实生活中人人都在跟着流行走。所谓的流行音乐、时尚服装等实际上就是由于消费从众形成的。那么什么是消费从众呢?

从众效应是指人们往往会受到人群中多数人的影响，从而做出跟从多数人想法或做法的行为。换句话说，从众行为就是别人怎么说你也怎么说，别人怎么做你也怎么做。从众效应非常有趣，经济学上一般把从众效应叫作羊群效应，这主要是因为羊群是一种比较盲目的组织，只要有一只羊带头做什么，其他羊就会盲目跟从，全然不管是否会发生危险或是错失美味的绿草。因此经济学家经常用羊群效应来比喻人们的从众和跟风行为。比如，人们外出吃饭的时候喜欢选择人多的饭店，购物的时候喜欢选择众所周知的名牌，出门旅行的时候偏向选择那些周围人一致好评的热门景区等，这些都属于从众消费。

市场中的普通大众很容易发生从众消费：看到别人排长队购物，就觉得有便宜可占，不管具体真相如何，就马上加入排队的长龙；听到别人说什么东西好，自己也赶快买回家，生怕过了这村就没这店了。殊不知有时候排队购买的人中一大半都是商家雇来的托儿，大多数不停说某种商品好的人不是托儿，就是跟商家之间有利益关系。从众消费往往会使人们变得失去思考和判断的能力，从而被广告宣传或是营销人员天花乱坠的说辞引诱，浪费很多本不必要的金钱与精力。

比如，在汽车市场上，好卖的车很容易缺货，而越是缺货的车消费者越是想要购买，这就是一种从众心理。于是很多汽车厂商就利用消费者的这种跟风心理制定营销策略。每当一款新车上市，厂商就会大肆“炒作”，向消费者传递“该车型销售火爆”的信息，让消费者进行从众消费。

当然，从众消费也并不是一无是处的。在信息不对称的情况下，从众消费是不可避免的，人们通过模仿他人的行为进行决策无可厚非，即便不能完全避免风险，也可以减少风险。对于收入较低的弱势群体来说，从众消费可以保护他们的利益，使他们不受或少受损失。

不过，因为从众消费往往具有主观盲目性，一味盲从也是不可取的，尤其是由于攀比炫耀引发的从众消费更是要摒弃。每个人都是一个不同的个体，在形成自己个人品位的时候，为自己增加多种选择，而不是跟随他人的好恶，对人自身的创造力和思想是有好处的。因此，不要追赶消费的潮流，要做聪明的弄潮人。

经济启示录

埃尔贝斯教授的研究表明人人都有从众心理，这就导致了消费从众行为的发生。在现实生活中，对于由于攀比等消极心理因素而产生的从众消费冲动，应该坚决遏制；每个人都应该做一个理性的消费者，在消费的时候从自身具体情况出发，而不是盲从他人。

炫耀性消费：拿破仑为什么不用银器而用铝碗

有这样一个有趣的故事：

法国国王拿破仑三世生活骄奢淫逸，常常大摆宴席，宴请四方客人。宴会上使用的餐具几乎都是银制品，唯独拿破仑自己使用的碗是铝制品。为什么拿破仑不用银光闪闪的银碗，而用一个颜色暗淡的铝碗呢？

要想了解这个问题的答案，首先要了解经济学中的这样一个概念——炫耀性消费。

美国著名经济学家詹姆斯·杜森贝里教授提出的消费相对论，对早期消费理论的发展做出了巨大的贡献。杜森贝里教授认为一个人的消费会受到他人消费的影响，这是消费相对论的核心观点。

理解了消费相对论实际上就理解了现实中人们消费的心理，也理解了为什么很多人愿意花费十几万元甚至更多购买奢侈品。购买奢侈品的行为就是炫耀性消费。

经济学上认为炫耀性消费是指富裕的上层阶级以购买非生存必需的浪费性、奢侈性商品的方式，向别人炫耀自己的社会地位和财产。炫耀性消费的概念最早是由美国 19 世纪末 20 世纪初经济学家凡勃伦，于其 1899 年出版的著作《有闲阶级论》中提出的。

凡勃伦是经济学中制度学派的创始人，他认为，先富起来的资产阶级在有了钱以后为了显示自己的优越感和荣誉感，就进行炫耀性消费是一种浪费行为。因此，他对这些资产持有人始终持批评和嘲讽的态度。选择炫耀性这种非理性消费的主要目的并非获得直接的物质满足与享受，更多的是获得一种社会心理上的满足。某些商品具有炫耀性的效果，如高级轿车可以显示地位的高贵、而艺术品收藏则可以显示出个人的品位，这类商品定价越高，其炫耀效果越好，而那些有钱人就越愿意购买它。随着社会的发展，这种消费也会逐渐增长。

拿破仑三世之所以使用铝碗，就是一种炫耀性消费。由于在二百多年前的拿破仑时代，冶炼银的技术要比冶炼铝的技术成熟得多，因此宫廷中的银器非常多，但是铝器很罕见。在当时铝的价值远远超过银，普通百姓和贵族都买不起，拿破仑让客人们使用银餐具，自己使用铝碗，为的就是向他们显示自己至高无上的地位和财富。

那么，炫耀性消费具有什么特性呢？按照一般需求定律，需求量随着价格变动往反方向变动，不过这一定律对炫耀性消费是无效的。在炫耀性消费中，商品的价格越高，富人越是趋之若鹜；而价格低了，富人反而不愿意购买了。也就是说，炫耀性消费，需求随着价格的变动往同方向变动。

有一个在服装行业做得很好的老板曾经讲过这样一段有趣的经历：曾经他一度追求质量好、价格对应质量的营销路线，然而服装却并不好卖，没钱的人买不起，富人又因为价格低而嫌档次低不愿意购买。后来有一位很有商业经验的前辈给他提了个建议，要他将服装价格从原来每套几百元提高到数千元，这样就打开了在富人中的销路，他的经营也因此而出现了转机。由此可见，炫耀性消费是许多富人的一种主要消费趋向。

与一般的消费行为相比，炫耀性消费不仅“反需求定律”，而且其边际效用的变化情况也是相反的，是呈上升趋势的。例如，有很多富人都喜欢购买奢侈品，无论是名车还是限量版的服装，富人们对这些商品的拥有量每增加一单位，就会觉得自己的身价又增加了，其心里的满足感就会增加一分。曾经有一则报道上说，一位富翁钟爱收集各地的微型冲锋枪，当他又收集到一挺德国制造的微型冲锋枪时，他竟然开心得心脏病发而去世了，可见对他来说微型冲锋枪的边际效用有多么大。

一般人与富人消费模式的不同，衍生出了一般人的市场和富人的市场这两个截然不同的市场。在一般人的市场上，一般消费品与日用品是主要商品；相反，在富人的市场上，高档消费品与耐用品才是主要商品。由于世界上大多数的财富都掌握在富人手中，因此富人拥有主要的购买力，所以占有世界生产份额 80% 的大厂商都针对富人生产质优价高的商品；而小厂商则负责供应一般人，但是小厂商生产的商品附加值低，为了逐利它们往往不择手段。这些都是炫耀性消费所带来的负面影响。

炫耀性消费是社会的一种悲哀，它的存在使得巨大的社会财富被浪费掉了，富人们放肆挥霍，穷人们衣不蔽体，这种讽刺性对比现象天天都在上演。实际上富人的炫耀性消费更像一个滑稽的笑话，“朱门酒肉臭，路有冻死骨”，杜绝和批判炫耀性消费对于现代社会来说是很有必要的。

经济启示录

杜森贝里教授提出的消费相对论道出了炫耀性消费的本质，炫耀性消费实际上就是一种互相攀比的心理在作祟。这种过分浪费的消费模式对于社会整体财富是一种极大的浪费，是一种不良的社会风气。

实际上一个人的修养、素质和品位并不是和财富直接挂钩的，然而过于充裕的物质财富让很多富人忘了这一点。

冲动型消费：女性生理期为什么会影响购物欲望

英国赫特福德大学心理学家卡伦·派因，以及他领导的研究小组调查发现，女性的生理期会影响她们的购物欲望。通常情况下女性在月经周期最后10天左右购物欲望更强烈，会花钱购买一些不必要的商品。

那么为什么女性生理期会影响购物欲望呢？这就涉及经济学上的一个概念——冲动型消费。

阿纳·凯南是美国哈佛大学商学院副教授，拉恩·基维茨是哥伦比亚大学商学院市场营销学教授。他们共同完成的一项充满趣味与反叛性的研究显示：短暂的挥霍和炫耀，实际上能够让人们在未来更加快乐。他们的论文《后悔营销术》

一文论述了这一观点。他们在“职场人士对曾经娱乐与工作的选择”调查中发现：那些未能在假期中尽情消费或旅游而产生的遗憾会随时间推移而加深，而未能尽力工作、学习或储蓄的内疚感却日益消减。就像马萨诸塞州参议员保罗·聪格斯曾经说过的那样：“任何人都不会在临死前说，‘我要是多花点时间在工作上就好了’。”

他们还针对商场的消费者做了一项心理调查，内容包括“购买一件昂贵衣服”的后悔程度。调查结果表明，那些认为自己短时间后可能会后悔的消费者，喜欢选购价格便宜的衣服；那些感觉自己在未来长时间后才会后悔的人，选购的衣服都价格不菲。

根据这一论点，他们建议奢侈品或者是休闲服务行业的营销人员可以使用这样的策略，即在顾客克制消费意愿时，营销人员可以向他们传达“一旦错过这次机会，你以后一定会非常后悔”的信息。实际上，这种策略利用的就是经济学上的冲动型消费理论，因为“未来长期的后悔”会使消费者产生冲动消费，甚至一掷千金。当然，这并没有考虑社会利益和个人发展。

冲动型消费一般是指在一种强烈的购买欲望支配下，凭借主观感受就做出购买决定的消费行为。通常情况下，影响冲动消费者的情感因素超出理性认知和意志力等因素的控制，他们很容易受到商品漂亮的外观、广告宣传以及销售人员的鼓动以及其他冲击性刺激的影响。

尽管一时的肆意挥霍消费会给人们带来兴奋与快感，但是人们心中仍然有一种传统节制消费的观念：在生活必需品和奢侈品、工作和娱乐以及储蓄和消费之间，倘若我们更多地考虑前者，从人生长期的规划来看，生活会越来越美好。事实也确实如此。正如凯南和基维茨两位教授的分析，商家正是利用了消费者的消费心理，千方百计地想要顾客冲动消费，从而获得最大的利益。而对于消费者而言，过多的冲动型消费很可能会让人生变得充满麻烦。

我们经常会听到身边的朋友抱怨，诸如"上周我根本不应该买这条裙子，我现在一点也不想穿它出门"。"我昨天几乎花光了这个月的薪水，太冲动了，太后悔了！""我购物的时候根本不受控制！"……电影《一个购物狂的自白》中的女主角丽贝卡对购物充满了热情，然而由于她控制不住自己的购物欲望，工作了几年的她不仅是个月光族，而且欠下了巨额的信用卡债务。实际上，这些人的消费行为都属于冲动型消费。

女人是冲动型消费的主力。在心理学家卡伦 · 派因以及其领导的研究小组的调查中，一共有 443 名女性参与调查，大约有 2/3 的女性表示在过去一周有过冲动消费行为，其中，57% 的人超支 25 英镑，6% 的人超支 250 英镑。研究人员还将她们的消费行为和月经周期做了对比，结果表明，153 名正处于黄体期（月经周期的第 15 天至第 28 天）的女性购物欲望非常强烈，控制力较弱。卡伦 · 派因总结道："月经周期越后面的时间里，女性越可能超支消费。处在黄体期的女性更容易冲动消费。”

与男性相比，女性容易受到情绪的影响，这也是她们冲动消费的一个重要原因。实际上，生理期之所以能够影响女性的购物欲望，就是因为生理期会影响女性的情绪。据了解，将近一半的女性在心情不好或是很好的时候都会增加购物的次数，每月工资日后的几天也是女性喜欢逛街的日子。由此可见，购物是女性缓解压力，调节情绪的一个重要途径。

当然冲动消费者并不只限女性，每个人都有冲动消费的意愿。不过因为性别差异，女性倾向于购买衣服、化妆品、鞋帽等，男性更加喜欢数码类、科技类产品。冲动消费是一种主观感性消费，过度消费会让人们生活捉襟见肘，充满麻烦。每个人都应该做理性的经纪人，控制冲动消费欲望，合理消费。

经济启示录

凯南教授认为冲动消费可以给人们带来快乐，这也是为什么很多人会冲动消费的原因。冲动型消费更多的是一种情绪化消费，女性特定生理期之所以会影响欲望，正是因为特定生理期会让女性的情绪变化不定。由此可见，如果要限制开销，女性应该避免在特定生理期出门逛街。

交易费用：为什么即使贵，你也愿意在楼下消费

有没有发现这样一个有趣的现象？那就是在很多小区楼下便利店的饮料要比大超市里的贵，可是即使是这样，很多居民还是选择在楼下买饮料。为什么即使贵，你也愿意在楼下消费呢？

要想了解这个问题的答案，首先要弄明白经济学中的一个概念，即交易费用。

交易费用通常指买卖双方在交易前后所产生的一切与本次交易有关的成本。交易费用，也被称为交易成本，最早由美国著名经济学家、诺贝尔经济学奖得主罗纳德·科斯提出。科斯教授在他的《企业的性质》一文中提到了交易成本，他认为交易成本是“由价格机制组织产生的，最突出的成本就是一切发现相对价格的成本”“市场上每笔交易所产生的谈判费用与签约费用”以及其他成本。交易费用包括广告宣传、信息传播、交通运输以及谈判、签订合约、执行监督等环节产生的所有花费。

日常生活中，每一次交易行为的发生都会带来不同形式的交易费用。现在我们就可以解释开始提到的那个有趣的问题了——为什么即使比商场贵，你还是愿意在楼下消费？虽然楼下便利店的饮料会比超市的贵 5 角或 1 块钱，但是去便利店买饮料只需要下一趟楼就够了，而去超市的话，你要走

很长时间的路或是乘车，这样一来你所使用的时间和交通费用都大大增加了。到楼下消费的交易费用是 5 角钱加上下一趟楼的时间，去超市消费的交易费用是很长的时间加上交通费，很明显，在楼下消费的交易费用更低。换句话说，楼下便利店正是考虑到了顾客的这一交易费用，才会多加 5 角钱或 1 块钱，而不是加价高得离谱。因为只有当在楼下消费的交易费用低于去超市时人们才会选择在楼下消费。

此外，不同的人自身的交易费用是各不相同的。比如，比尔 · 盖茨与合作伙伴谈合约的时候会选择五星级的休闲会所，而小商贩通常在路边的小饭馆和别的商贩商量合作事项；退休的老大妈会在菜市场跟小商贩讨价还价半个小时，上班族很少为了几块钱而计较，这是因为时间对于他们来说价值不同，交易费用也不同。

在我国古代有这样一个趣味盎然的寓言故事，名曰“郑人买履”：

在郑国，有个人想赶集买双鞋，早上他量好了自己脚的尺码，等他到了集市卖鞋的摊位，才发现忘了带尺码。卖鞋的人让他用自己的脚试鞋，这个人说：“我只相信尺码，不相信脚。”于是他赶回家拿尺码，然而集市开放的时间是有限制的，等他回到集市时，集市时间已经过了，卖鞋的也走了。

抛开这个人不懂变通的个性不谈，从经济学角度来看，他在家和集市之间往返两次，浪费了很多时间和精力，最后也没买到鞋子，他的交易不仅成本高，而且毫无效率。

在现实生活中，也有很多人并不懂得计算交易费用。很多人在消费的时候只看商品的价格而不看交易费用，如在电视剧《奋斗》里有这样一段剧情：杨晓芸和向南采购结婚用品，杨晓芸主张“只有货比三家才能得到实惠”，为了买一床被子他们跑了一整天，最后还是回到开始看被子的那家商店购买。虽然他们最后买到了折扣最低的被子，但是一整天的时间精力加上交通费等，这笔交易费用实在有点太高了！

由此可见，在日常消费中我们不仅要关注商品的价格，而且要注意交易费用。

经济启示录

交易费用也是影响商品实际价格的重要因素。无论企业还是个人，在决定交易之前，不仅要注意产品或服务本身的价格，还要懂得计算交易费用。

替代效应：补鞋匠为什么能够免死

在以色列有这样一则有趣的寓言：

克里姆城里的补鞋匠杀了一个顾客，他很快被抓了起来，法官判处他接受绞刑。宣判结束后，一个市民非常不满地对法官嚷道：“我们城里就他一个补鞋匠，倘若你把他绞死了，那么以后谁来为我们补鞋啊！”其他市民这时也呼吁不要杀死补鞋匠，法官只好重新宣判，他说：“克里姆的公民们，我同意你们的说法，因为我们就只有这么一个补鞋匠，绞死他对我们没有任何好处。城里有两个会盖房子的，让他们其中的某个人代替补鞋匠被执行绞刑吧！”

故事中的补鞋匠为什么能够免死？法官为什么要让盖房子的其中一个人代替他执行绞刑？这其中隐含着什么秘密吗？关于这个问题的答案，可以总结为一句话——因为补鞋匠不能被替代。

曼昆是这样定义替代效应的：当某种价格变动使得消费者脱离既定的无差异曲线改变到新边际替代率的一点后引起的消费变动，就叫作替代效应。

曼昆用这样一个充满趣味的案例来说明替代效应：现在百事可乐的价格比之前低了，我少买一个比萨饼就能够买到更多的百事可乐。也就是说，百事可乐降价后，比萨饼的价格就相对高了，所以，消费者会放弃部分或全部比萨饼，进而购买更多的百事可乐。

经济学上普遍认为替代效应是指因为某种商品的价格变动而导致其他商品的相对价格发生变动，从而使得消费者在维持效用不变的情况下，对其他商品的需求量发生改变。就像曼昆教授的案例，百事可乐便宜了，比萨饼的价格没变，但是在降了价的百事可乐面前，比萨饼好像变得更贵了一样，这样一来，消费者就会买更多的百事可乐，而少买或不买比萨饼了。

现在回到本节开始那则故事里提出的问题——补鞋匠为什么能够免死？实际上，补鞋匠之所以能够免除死刑就是因为他是克里姆城里唯一的补鞋匠，具有不可替代性；而会盖房子的有两个人，这两个人之间可以互相替代，其中一个执行绞刑后，不会影响克里姆城里人们修葺房屋。

生活中，替代效应比比皆是，如猪肉和牛肉就能相互替代，人们往往会根据市场价格的变化情况，以经济实惠为原则进行选择，牛肉贵了就吃猪肉，猪肉贵了就吃牛肉。在同质产品中，价格低的往往能替代价格高的。然而，除价格因素外，还有其他因素也能引发替代效应。当然，有的时候，替代效应的发生与否与价格并无关系，如甲流泛滥的时候，猪肉就很少有人再买，而牛羊肉、鸡肉等就会将其替代。

与日常生活用品易被替代相比，价格高昂、技术含量高或是不可再生的产品往往难以被替代。比如，古董因为其唯一性，所以具有不可替代性；而艺术品的价格非常高昂，也很难找到替代品，如达·芬奇的作品。而那些价格低、技术含量低的产品则很容易被替代，如馒头、白菜、萝卜等。

在职场中，那些有技术、有才能的人总是特别吃香，老板对其和颜悦色不说，加薪升职更是常事儿。之所以会这样，就是因为能够替代这种人才的人太少了，因此企业不愿意失去这样的人才。相对的，对于那些没有什么技术本领的人，则有很多人可以替代，因此这样的人常常会面临失业的危险。而对于这些容易被替代的人，唯一的出路就是努力加强其自身的素养和能力，让自己变得不可替代。

同理，一种商品要想拥有市场份额、不被其他同类商品所替代，就必须具有自己独特的优势，无论是品牌优势、技术优势，还是包装优势，都必须具有一定的优势才能够不被替代，才不会被市场的洪流所淘汰。市场是无情的，优胜劣汰是其规则，只有与时俱进，不断地推陈出新，不断地自我完善，才能够在市场的洪流中生存，留下自己的足迹。

经济启示录

曼昆的理论研究表明，替代效应实际上就是同质产品之间的相互替代，并且替代效应具有相对性。寓言中补鞋匠之所以能够免死是因为他具有不可替代性。

替代效应是生活中的常见现象，正确理解运用这种效用，可以帮助我们更加理性地消费，减少因价格变动造成的利益损失。此外，企业和个人都要努力提升自己，以免成为替代效应的牺牲品。

价格歧视：有多少商家在“看人下菜碟”

生活中，我们时常碰到这样的状况：自己货比三家、反复挑选才买到的、以为物美价廉的商品，身边的人却有可能花更少的钱就买到了。比如，很多商家对学生实行优惠政策诸如看电影半价、买手机、电脑等科技产品有更多的折扣、寒暑假坐火车半价以及吃自助餐可享受学生特价……而对非学生群体则采取另外一个比较高的价格，没有任何优惠政策。到底有多少商家在“看人下菜碟”呢？他们为什么要采取这种区别定价的方式呢？

商家这种看人下菜碟的行为表面上看来确实让人费解，但就其本质来说，却是个一箭双雕的好策略。既拉拢了那些支付能力低的客户，也赚取了那些支付能力高的客户的利润，不仅提高了自己的利润而且提升了消费者对产品的满意程度。这种区别定价的策略在经济学上被称为价格歧视。

著名经济学家金大焕教授认为会员卡本身就是价格歧视的一种。他认为所谓的价格歧视，实际上就是同样的商品或服务，卖方对不同的消费者实行不同的价格策略。在同一个时间看同一部电影，会员卡持有者付出的钱比没有会员卡的人要少，这就是价格歧视……航空业不仅最先实行会员卡制度，而且一直致力于开拓各种其他形态的价格歧视策略。倘若购买打折机票，航空公司往往会附加这样一个条件，即周末滞留。这意味着倘若乘客购买了飞往上海的打折机票，航空公司很可能要求乘客周六、周日必须滞留在上海，这也是一种非常典型的价格歧视。

金大焕教授认为让没有会员卡的人付出更高的价格，是成功的价格歧视策略。不过当几乎每个人都持卡消费时，商家和消费者都得不到任何好处。

价格歧视是经济学中一个重要概念。价格歧视其实就是一种价格差异，一般是指商家在向不同的消费者提供完全相同的商品或服务时，在消费者之间实行不同的价格。金大焕教授所说的会员卡制度就属于典型的价格歧视政策。

在日常生活中，“价格歧视”的事例随处可见。例如，游乐场的门票，卖给学生和小孩是半票，而对成人却是全票；乘公交车，买了公交卡的乘客是9折、8折甚至4折，而偶尔坐一次车、没有公交卡的顾客却必须全额支付；寒暑假的时候飞机票对学生、教师打折，顾客可以凭学生证和教师证购买折扣机票；计算机卖给大学生便宜，卖给非学生群体就相对贵一些；商业用电和生活用电的价格不同……这种种现象都属于价格歧视。

那么价格歧视到底是好是坏呢？按普通人的心理规律，多付了钱肯定会觉得自己吃了亏，会觉得很难受，因此，消费者都反对商家进行价格歧视，要求公平待遇。

虽然消费者都反对价格歧视，但价格歧视确实能够为商家带来更多的收益和利润。需求价格弹性对于不同的消费者来说是不同的。有的人经济收入有限，因此很节俭，对价格斤斤计较；而有的人富有，贵一点便宜一点无所谓，价格的浮动不会影响他们的需求量。商家按照需求价格弹性对顾客实行分类，对富有需求价格弹性的顾客，实行薄利多销的策略，对缺乏需求价格弹性的顾客进行高价格策略。实行价格歧视就可以尽可能地将所有的客户一网打尽，获得尽可能多的市场资源，获取最大可能的利润。因此，商家总是利用一切可能来实行价格歧视。

当价格歧视实行到极致的时候就成了“完全的差别价格”了，卖方向每一个消费者收取其支付意愿的价格的策略被称为“完全价格歧视”。在现实中，“完全的差别价格”常见于那些一对一服务的行业，如律师、医生之类。

这个时候就会出现一些非常有趣的故事，如在很多电视剧或电影中都会出现这样的情节：几乎所有的名门望族或是富豪家，都有自己专门的家庭医生，这些医生经常会询问客户许多问题，诸如“你有喝酒的习惯吗？一般都是喝什么酒？”“你健身吗？有旅行的爱好吗？”……实际上这就是医生的策略，看似在关心病人饮食起居，其实是摸清楚客户的情况，方便自己实施价格歧视。

价格歧视虽然会让很多消费者不满，但是从供需相等的层面来说，每个有效需求者都获得了相应的有效供给，没有任何人受到了歧视。对价格需求弹性比较大的学生、一般能力消费者，让他们和富人一样不能享受任何优惠价格，他们会更加不满。所以说，在分析“价格歧视”的时候，不能走极端。

经济启示录

金大焕教授认为会员卡是一种价格歧视，不过当每个人都持卡消费之时，价格歧视将失去效用。对于以追求最大利益为根本目的的商家来说，价格歧视无疑是个非常有效的手段；对于消费者来说，虽然价格歧视会让消费者感到不满，不过对于支付能力低的一般消费者，价格歧视也不失为一种另类的公平策略。

第四章

企业与经济学：每个企业领导人都应该知道的经营方法

一个优秀的企业领导人往往深谙经济学原理，有自己独特的经营之道。计算生产成本、运用规模经济原理能够帮助企业制订有效的生产和经营计划；懂得广告宣传、销售技巧、价格战能够让企业更有力地占据市场……经济学中有每个企业领导人都应该知道的经营方法。下面就让我们一起学习一下。

生产成本：波士顿的酒店为什么在淡季也不歇业

波士顿是一个风景秀丽的旅游城市，当地的旅游业非常发达。每年夏末秋初是旅游的旺季，这里的游人络绎不绝，但每年的冬季因为天气严寒，游人很少，海边的景区和酒店生意就变得很清淡。然而，有这样一个有趣的现象，即使你淡季去波士顿旅行，即使酒店里只有你一个客人，波士顿酒店仍然会为你提供最优质的住宿和餐饮服务。波士顿酒店的收入主要依靠旅游旺季的营业额，而旅游淡季则赚钱很少，甚至可能会亏本。那么，波士顿酒店为什么不在淡季歇业，等到旺季的时候再营业呢？

要想解释这个问题，首先要了解经济学上的一个概念——生产成本。

曼昆在阐释企业的生产成本之时，以卡罗琳的蛋糕厂以及她的邻居康拉德的咖啡店为例进行了详细的介绍。

根据经济学家的一般假设，企业的最终目标是实现利润的最大化，因此卡罗琳开办蛋糕厂的目的是赚钱。那么，企业的利润主要指什么呢？企业从销售商品（蛋糕）中获得的货币量叫作总收益。企业购买原料、设备（烤箱、面粉、糖精、奶酪、工人、烤箱、租房等）所花费的货币量叫作总成本。卡罗琳的利润即支付这些成本之后的一切收入，也就是说企业的利润是总收益减去总成本之后的收益，即利润 = 总收益 − 总成本。

要想使企业的利润最大化，企业必须全方位衡量总收益和总成本。总收益即企业的产品乘以售价，如卡罗琳工厂总共生产了 1 万块蛋糕，平均售价 2 美元／块，总收益 =1 万块 ×2 美元／块 =2 万美元。

总成本比较复杂，总成本主要包括固定成本和可变成本两类。固定成本是指不随着产量的变化而发生变化的成本，就算企业不生产也会存在。以康拉德的咖啡店为例，对于康拉德来说，租金和需要支付的员工工资就是固定成本，可变成本包括咖啡豆、牛奶、糖精、纸杯等支出，倘若不生产，咖啡店的可变成本为 0，而生产 1 杯咖啡的可变成本为 0.3 美元，生产 2 杯咖啡的可变成本为 0.5 美元。固定成本和可变成本的总和就是企业的总成本。

根据曼昆教授的研究结论，企业生产者要想实现利润的最大化，就要降低生产成本。而固定成本是不变的，如租金、员工工资、机器设备等，不管企业是否生产、产量多少，固定成本都是不变的。降低成本只能从可变成本入手，如原材料等。

了解了这些概念我们就可以理解为什么波士顿酒店在淡

季也会开门了。从生产成本的角度来说，波士顿酒店的主要成本是固定成本，包括所有的房租、员工工资等，不管开门与否，这些费用已经支出了。倘若酒店歇业，酒店仍需支付相当数额的成本，与其关门不如照常营业，即使淡季的收入只可以支付可变成本也足够了。而固定成本的回收可以寄希望于旅游旺季，这就是为什么旺季住宿餐饮的费用比较高的原因。

经济学上认为，企业的根本目的是营利。因此，为了实现利润的最大化，最有效的办法是控制生产成本。很多成功的企业家之所以能够带领企业走向成功，正是因为他们深谙经济学中成本的智慧。

我国台湾地区的“经营之神”王永庆在起家的时候有这样一段经历：

1957 年，王永庆的塑胶公司正式投产，第一批产品生产了 100 吨，在台湾当地只卖出了 20 吨。同行业的人都认为这是供大于求的表现，应该减产，但是王永庆却扩大生产。这一举措让他的合作伙伴非常不满，很快合伙人相继退出。王永庆变卖了全部家产，决定背水一战。这不是王永庆的冲动之举，实际上他有自己的想法，他认为工厂的产品销路不好是因为价格过高，而不是因为供大于求，因此只有提高产量才能降低成本，进而降低产品价格。

1958 年，王永庆又建立了南亚塑胶厂，直接将原料加工成成品，这样一来省去了很多中间环节，产品的成本也降了下来。结果，事情的发展正如他预想的一样，随着产品价格的下降，产品的销量不断上升，最终他的两个公司都实现了盈利。没过几年，王永庆的塑料公司成了塑料行业的领头羊，他自己也名利双收。

当然，王永庆的成功还有很多其他方面的原因，诸如先进的管理理念、与政府机构的良好合作关系等，但是通过扩大产量降低产品成本绝对是台塑公司成功的重要原因。

那么，企业在减少生产成本方面应该具体采取什么措施呢？首先，企业应该加强成本的控制措施，减少无效成本；其次，提升企业的内部管理效率，以技术促发展；最后，不但要控制企业内部的生产成本，而且要控制外延成本。

经济启示录

曼昆认为，企业要想实现利润的最大化，最为有效可行的办法就是降低生产成本。生产成本主要由固定成本和可变成本组成，固定成本不会随产量变化而变化，可变成本则会根据产量变化而变化，因此降低生产成本主要以降低可变成本为主。波士顿酒店之所以在淡季仍然正常营业，是因为酒店的主要成本是固定成本，即使酒店歇业成本也不会相应地减少。

规模经济：规模庞大一定好吗

曼昆在《经济学原理》一书中以福特公司为例，具体阐释了规模经济。曼昆认为，随着产量的增加，长期平均总成本减少，这个时候企业存在规模经济。反之，如果随着产量的增加，长期平均总成本增加，这个时候企业存在规模不经济。而随着产量的变动，长期平均总成本保持不变时，企业存在规模收益不变。

以福特汽车公司为例，当福特公司想把日产量 1000 辆车调整为 1200 辆车时，短期内只能在目前中等规模工厂中增加雇用工人的人数，因为边际产量递减，所以每辆汽车的平均总成本从 10000 美元上升到 12000 美元。但是，如果是一个长期调整，福特公司可以通过扩大公司规模，诸如增加工厂和劳动力等手段，使每辆车的平均成本重新回到 10000 美元。在这个例子里，福特公司处于低产量水平时存在规模经济，处于中等产量水平时规模收益不变，在产量水平高时则出现规模不经济。

那么，引起规模经济或是规模不经济的因素是什么呢？在较高的产量水平下，能够让工人实现专业化，这种专业化能够让工人更善于从事某项工作。比如，倘若福特公司招聘了大批工人，并决定生产大量汽车，它就可以在分工更加细致的现代化生产中，实现生产成本的降低。规模不经济的发生是因为每个大型企业都存在协调的问题。福特公司汽车的产量越高，管理团队就越复杂越庞大，管理者要想实现降低成本的目的就越困难。

正如亚当·斯密在《国富论》一书中所写，由于实现了专业化，针厂的任何一个工人每天都能够生产几千枚针。这是斯密在参观了一个针厂之后得出的结论，他认为实现规模经济有助于企业提高产量，降低生产成本。

经济学上普遍认为，规模经济也叫作规模效应，是指因为生产专业化水平的提高或是其他原因，使得企业的生产力提高，单位成本下降，从而使长期平均成本随着企业产量的增加而减少的经济现象。比如，如果某钢铁集团的产量由日产 1 万吨扩大到 2 万吨，扩大了一倍，而厂商为此增加的成本小于一倍，我们就可以说这个钢铁集团存在规模经济。

再比如，2009 年 7 月，时任微软首席执行官的鲍尔默和时任雅虎首席执行官的巴茨宣布正式合作，对于此次合作鲍尔默反复强调了“规模经济”这一概念，他认为，“在互联网搜索方面，规模导致认知，继而导致创新”。实际上，微软的 Windows 操作系统本身也是一个规模经济的范例。越多的用户使用这个系统，就会有越多的人针对这个系统开发更多的应用，进而这个系统在科技以及互联网领域对每个人的影响和价值就越大。

那么，形成规模经济的原因有哪些呢？经济学家普遍认为有以下四点：

第一，随着企业生产规模的扩大，企业能够使用更加先进的生产设备。这主要是因为设备、机器不可分割，某些设备只有在相对较大的生产规模下才能够经济运行。

第二，扩大规模有利于实现更为细致的专业化分工。

第三，扩大规模后，企业可以更全面地使用各种生产要素。

第四，随着生产规模的扩大，企业在购买生产要素以及销售产品方面往往具有更大的优势。

在实际生活中，采取多大的规模才能使企业实现成本的最小化呢？实践证明，这取决于企业的具体行业特征以及市场特征。单从生产的角度来说，一个企业的规模越大越好，因为规模越大越有利于实现更为专业的分工，提高产量，降低成本。单从市场的角度来说，一个产品的标准化程度越高，意味着消费者的需求越稳定，规模自然越大越好。比如，在汽车、钢铁等大型制造业中，企业的规模都非常的大，规模小的企业难以在这种行业立足。

当然，这并不是说任何企业都是规模越大越好。在某些特定的行业中，规模扩大到某个程度后就会发生规模不经济。正如曼昆教授所言，形成规模不经济的主要原因是庞大的管理团队很难实现高效率的管理工作。比如，生产钢笔的企业，它本身的产量很小，而市场对于它的需求也很小，所以这种行业不适宜扩大规模。

经济启示录

曼昆列举的福特汽车公司案例中，当福特公司的产量很低的时候，扩大规模之后企业存在规模经济。由此可见，扩大规模对于处在低产量水平的企业来说，是实现高利润的有效途径之一。

不过，这并不意味着所有的企业都能够通过扩大规模实现规模效益，对于某些特定的生产技术而言，规模扩大反而会造成规模不经济。所以说，如何扩大规模，扩大到多大规模是每个企业应该深思的问题。

诚信的经济价值：摩根家族为什么得以崛起

摩根家族缔造了美国商业史上的传奇，全世界许多商业巨子都为摩根帝国的辉煌事业赞叹。然而，摩根家族成功的秘诀是什么呢？

这个问题的答案非常简单，只有两个字——诚信。

事实上，诚信也是一种经济价值。在市场经济条件下，企业要想在激烈竞争的市场洪流中屹立不倒，首先要做的就是以诚信为本。从经济学的角度来说，诚信是市场经济得以正常有效运行的基础。

摩根家族的崛起就是一个以诚制胜的典范，其中伊特纳火灾保险赔付案例至今仍是经济学界广为流传的经典案例。

1835年，摩根先生加入了伊特纳火灾保险公司，这本来是件大好事——他不用立刻拿出现金，只需要在股东名册里签个名就能获得不错的收益。哪知道飞来横祸，在这家保险公司投保的一个客户家里发生火灾，损失惨重。如果按照合同约定完全赔偿的话，公司马上就会破产。摩根先生深思熟虑之后，认为诚信比金钱更加重要。他变卖了自己的房产，到处借钱，低价收购了那些想要退出的股东的股份，并按照约定赔偿了发生火灾的客户。

几乎倾家荡产的摩根先生成为伊特纳火灾保险公司的老板，然而这家公司已经到了破产的边缘。为了挽救公司，他打出了如下广告语："从今往后到伊特纳火灾保险公司投保的客户，需要交纳双倍的保险金。"出乎意料的是，来投保的客户依然络绎不绝，因为许多人都相信这家保险公司的信誉。没多久，伊特纳火灾保险公司就从一家小公司发展成行业的领头企业。

这位摩根先生就是后来建造摩根帝国，主宰华尔街的J.P.摩根的祖父，也是摩根家族的创始人。他为摩根家族留下最宝贵的财富并不是金钱，而是诚信经营的精神。

世界著名学府哈佛大学对诚信的要求也非常严格。2005年3月8日，哈佛商学院正式宣布取消119名高中生的入学资格，原因是这些申请者在哈佛尚未发布录取通知时，通过

“黑客”手段入侵了哈佛的官方网站，偷偷查看录取结果。哈佛商学院院长克拉克对这件事发表了公开声明，他说：“这种行为违背了道德，是不诚信的表现，没有转圜的余地。无论申请者是谁，只要发现有不诚信的行为，哈佛都将拒绝录取。”克拉克还表示，哈佛商学院要求学生拥有高尚的品德、准确的判断力，更重要的是诚信正直，而那些采用黑客手段入侵官网的人没有通过诚信的测试。

哈佛大学一直非常看重学生的诚信品质，哈佛商学院要培养的是诚信高尚、坚持原则的商业领袖人物，这些申请人并没有成为未来领导者的基本素质。

我国古语有云：“事无诚不足以尽，人无信不足以立。”无论是个人还是企业，没有诚信将很难在社会上立足。企业失去诚信，不仅会损害消费者的利益，而且会破坏自己的信誉，最终作茧自缚，害人害己。我国著名的晋商之所以能够传承几百年不倒，依靠的就是诚信，清末八国联军侵占北京城，晋商在北京的票号、账本、库存等全部损毁，但是票号仍然对拥有存单的人完全付款，赔本也要保住自己的信用。

对于企业来说，诚信具有无形但巨大的经济价值。美国经济学家凡勃伦在他的《企业论》一书中这样写道：“在对企业的收益能力进行资本估值的过程中，资本估值的核心部分不是企业的成本，而是企业的商誉。”换句话说，资本的价值在于它的发展和增长能力，而商誉是使企业滚动向前发展的关键部分，商誉包括信誉、商标、品牌等。凡勃伦认为诚信是有价值的，以诚信为本的企业不会制假售假，会因此得到更多消费者的青睐；以诚信为本的企业不会欠债不还，会因此得到更多的融资。诚信有助于企业的长远发展。

在市场经济条件下，诚信有助于降低企业的交易费用，增加企业的收益，提高市场运行的效率。比如，打击假冒伪劣商品、解决债务问题、帮助农民工要回企业拖欠的工资等浪费了大量的人力、物力等社会资源，大大增加了交易的成本；但是，如果市场上没有制假售假现象，大家都以诚信为本，不仅会减少交易成本，而且可以营造一种信任和谐的经济环境，无论是对个人、企业还是社会，都具有积极的意义。

此外，严惩不讲诚信的行为，是使整个社会实现诚信的有效途径。严厉的惩罚等于加大了不讲诚信的成本，换言之，即增加了守信的收益，如此一来，人们便会自觉遵守承诺。

经济启示录

摩根家族之所以能够崛起，就是因为摩根家族始终坚持诚信经营的原则。由此可见，坚持诚信原则是十分重要的，在市场经济体制下，信誉是个人和企业的灵魂，一个不讲信用的个人或企业是不可能有长远发展的。

捆绑销售：约翰逊化妆品为什么畅销

有这样一个充满趣味的故事：

约翰逊化妆品公司是美国知名的化妆品公司，其总经理乔治·约翰逊更是赫赫有名的企业家。20 世纪 50 年代，公司刚建立，约翰逊根本无法和当时的竞争对手美国佛雷公司竞争。约翰逊为了产品的销售几乎想破了脑袋，最后他在广告中打出了这样一句："伙伴们，在你们用过佛雷化妆品后，再抹上一层约翰逊营养霜，将看到惊喜的变化。"结果，消费者很快就接受了约翰逊化妆品，约翰逊化妆品也成了市场上的畅销品。

那么约翰逊化妆品为什么会畅销？这句广告语背后又隐藏着什么秘诀？

约翰逊运用了经济学上的捆绑销售策略，将自己的化妆品和知名品牌佛雷化妆品捆绑在一起，无形中提高了自己产品的地位。哈佛商学院的经典案例里也有一个关于捆绑销售的案例——"雪佛莱和奥兹摩尔汽车厂的买一送一策略"。

美国康涅狄格州有一家名为"雪佛莱和奥兹摩尔"的汽车生产厂商，因为一些原因，这家汽车厂的生意一直不太好，甚至一度濒临破产。这个工厂的总裁非常忧虑，进行了深刻的反思，他认为企业失败的原因是营销方式过于死板。他再三斟酌，最后做出了一个让行业震惊的策略——"买一送一"。

这个策略专门针对积压已久的1986型号罗纳多牌轿车，因为长期积压导致资金难以回笼，而且仓储费用也非常庞大，因此该厂在很多报纸上登了这样一条广告，即“任何顾客只要购买一台罗纳多牌轿车，就可以免费获赠一台南方牌轿车”。换言之，该厂把罗纳多牌轿车和南方牌轿车绑在一起进行销售。结果，该厂很快就解决了罗纳多牌汽车的滞销问题。

在当时，“买一送一”的策略已经被使用过了，不过以往赠送的都是一些便宜的商品，如买电视机送电视机套、买录音机送录音带等。开始时这种给予顾客小甜头的策略确实起到了很大的作用，但是随着广告的花样日益繁多，促销的方式五花八门，这种策略的作用已经不那么明显了。

但是，雪佛莱和奥兹摩尔汽车厂这种买一辆轿车送一辆轿车的大额赠送方法，超出了人们的想象，让许多原本对广告不屑一顾的顾客也为之震撼。原本很少有人光顾的工厂经销部很快就变得门庭若市。很多人真的以21500美元的价格买走了罗纳多牌轿车，而该厂也按照广告所言赠送每个购买罗纳多牌轿车的人一台南方牌轿车，倘若顾客不想要赠送的汽车，则给予4000美元的折扣。

这一捆绑销售策略使得雪佛莱和奥兹摩尔汽车厂积压的轿车很快销售一空，虽然每辆车的收益少了5000美元，然而如果继续积压，损失会更大。而且这个策略使得罗纳多牌轿车和南方牌轿车的知名度提高了很多，带来了无限的潜在收益。

雪佛莱和奥兹摩尔汽车厂的捆绑销售策略实际上是一种灵活的推销方式，市场是千变万化的，产品依附于市场而存在。企业经营之道在于根据市场的变化灵活改变营销策略，就像顺水推舟一样，企业经营者要善于借势，才能带领企业走向胜利。雪佛莱和奥兹摩尔汽车厂生产的汽车开始卖不出去就是因为它的营销方法没有适应竞争激烈的市场。

随着市场经济的快速发展，捆绑销售处处可见，诸如买牙膏送牙刷、买冰箱送电饭锅、买手机赠话费等，然而这些赠品真的是白送的吗？答案是否定的，这不过是商家的一种营销手段。

所谓捆绑销售是指两个或多个品牌或企业合作促销，从而扩大这些品牌或企业的影响力。捆绑销售是共生营销方式中的一种，它的最佳结果是实现“1 + 1 > 2”。不过并不是随便几个企业的商品或服务都能捆绑销售，如买手机赠送话费的促销活动合情也合理，而买手机赠送饼干就显得有些风马牛不相及了。被捆绑的商品之间要有共性，才能实现捆绑销售的最大价值。就像前面案例中的约翰逊化妆品，它捆绑的是佛雷化妆品。

常见的捆绑方式有三种：

第一种，包装捆绑。比如，某品牌洗衣液包装上印着某知名衬衣的品牌，而某知名衬衣品牌推荐使用该洗衣液，这样一来，产品包装又充当了广告的载体，品牌互补，双方共同获利。

第二种，信息传播捆绑。具有相关性的产品捆绑在一起进行广告等信息宣传，如资生堂化妆品小样捆绑在《化妆品报》上，免费赠送给购买《化妆品报》的消费者，很多消费者试用之后觉得不错，成了资生堂化妆品专柜的常客。

第三种，定位捆绑。小品牌或是新上市的品牌，可以通过捆绑一些大品牌来确定自己的定位。比如，约翰逊化妆品捆绑知名品牌佛雷化妆品就是一个成功典范。

总的来说，捆绑销售是对资源的重新整合，合理的捆绑销售模式不仅可以给商家带来利润，也可以让消费者享受到实惠。

常见的捆绑销售的具体表现形式包括：

1. 不同商品的叠加，以统一的包装出售，但价格单独计算。

2. 不同商品不单独提供销售和报价，打包后以统一价出售。

3. 客户在购买某一个商品的同时，可以以更优惠的价格购买另一个商品。

不过目前市场上的“捆绑销售”尚不成熟，很多捆绑还停留在简单的叠加或是将快过期产品捆绑在新鲜产品之上，这样很容易让消费者产生反感心理。

经济启示录

约翰逊化妆品之所以畅销，是因为采用了经济学上的捆绑策略。捆绑销售能够帮助商家脱离困境，增加收益。

约翰逊的成功为弱小企业和小品牌提供了一条生存和发展之路。小品牌或是新上市品牌可以通过捆绑知名品牌，来形成自己的定位，提高自己的知名度，从而打开产品的销路，走向成功。值得注意的是，捆绑销售并不是降价销售，也不是单纯的买一送一策略。

长尾理论：小需求为什么会催生大产业

通常情况下，我们都认为流行的、畅销的产品是企业应该重点发展的，而小需求的产品则很难带来利润。然而事实上却并非如此，小需求也能够催生大产业。那么，为什么小需求也能够催生大产业呢？这就涉及经济学上的长尾理论。

2004 年，美国《连线》杂志主编克里斯·安德森提出“长尾”的概念。2006 年，他在其著作《长尾理论》中正式提出了长尾理论。他认为，只要消费者可以找到并且买得起更适合个人独特品位的商品，他们一定会抛弃那些毫无个人特点可言的大众商品。这一理论提出后很快得到了学术界的认可，并且被哈佛大学评为年度最具有创新特色的商业概念之一。长尾理论警示企业，要重视利基市场。利基市场是指那些大企业忽视的细分市场，这些细分市场实际上也能为企业带来不错的收益。安德森举例说，几乎每个月都有成千上万的听众有偿点唱一些冷门歌曲。长尾最让人震惊的是庞大的数量，假如把足够多的冷门叠加在一起，就能形成一个超越流行市场的大市场。

然而，两年之后的2008年，哈佛商学院市场营销学教授安妮塔·埃尔贝斯就对“长尾理论”提出了质疑。埃尔贝斯教授认为人是从众的，长尾理论并不可信。埃尔贝斯教授对在线视频租赁与音乐购买的销售模式（因为这两个市场被安德森证明长尾理论是有效的）进行了严谨的调查与分析，结果显示确实有很多消费者不时在线购买冷门商品，不过同时，这些消费者也会购买更多的热门流行商品。埃尔贝斯教授说：“事实上，偏好非流行冷门商品的细分市场是不存在的，核心消费者由于需求广泛所以会偶尔购买所谓的长尾商品，但是非核心消费者则以购买热门流行商品为主。”

对于哈佛教授埃尔贝斯的反驳，安德森认为他们之间的观点之所以相悖，是由于他们对长尾理论中的“头”（热门）和“尾”（非热门）的界定不同。

长尾理论的诞生，彻底推翻了经济学上的“二八理论”。抛开关于这两个理论究竟哪个更有效的问题不谈，不可否认，长尾理论确实帮我们解释了商业上的很多有趣现象。比如，亚马逊网上书店的销售数据显示，畅销书并没有占据“二八理论”所谓的80%，非常畅销书因为数量的庞大占据了销量的50%以上。

浅显地说，长尾理论应用在商业上，就是通过某种现代化科技手段，将长尾上的有共同兴趣的个体集中到一起，并且专门为这个群体提供优质的服务。谷歌（Google）是一个运用“长尾理论”迈进世界搜索引擎领先地位的典型。谷歌首席执行官埃里克·施米特这样说过：“安德森提出的长尾理论，对谷歌制订战略计划产生了深远的积极影响。”谷歌的目标客户正是数量巨大的中小企业和个人，他们几乎没有做过大规模的广告，他们没有能力支付高额的广告费给广告商，他们从来没有想到有一天自己可以打广告。据了解，一个小企业在谷歌只需要非常少的钱。但是即便如此低价，谷歌的利润仍然是巨大的，2006年，第一季度它的广告收入是22.5亿美元，而以大品牌或大企业为主要客户的雅虎，同期的收入只有13.81亿美元。这些数据足以表现长尾理论的有效性，小需求的确不可忽视。

不过，这并不是说长尾理论任何时候都是有效的。就目前的市场情况而言，单凭它指导企业发展具有很大的风险。其原因主要有以下三个：

第一，长尾并不是说单单把众多中小企业和个体的需求集合到一起就够了，它需要一个坚挺的头部，需要头尾之间的联系密切有效。

第二，长尾属于滞销品或冷门产品，而为企业创造最大利润的是畅销品，滞销品或冷门产品的销售只能以保本为前提，不可能取代畅销品的位置。否则，企业很可能因本末倒置陷入困境。

第三，在传统商业领域中，市场失灵的现象经常发生，以长尾商品为重点，很可能压垮企业。

总而言之，要一分为二地看待长尾理论。正确认识和使用它的个人或企业，才能获得理想的收益，否则就有失败的风险。企业在制订战略计划的时候，要根据自身的具体情况和市场情况，切不可一味崇拜理论模型。

经济启示录

“长尾理论”的提出者安德森认为非热门或滞销产品等长尾存在一个庞大的市场，企业好好发掘这个细分市场，可以获得可观的收益。安妮塔·埃尔贝斯则认为长尾理论并不可信。事实上，长尾理论是一把双刃剑，企业和个人在做决策的时候要具体问题具体分析，正确处理畅销品和滞销品之间的关系。

不过长尾理论确实给我们提了一个醒，有时候关注那些被人们忽视的“长尾”，也许比关注那些人们都看重的“头部”，更容易获得收益。

价格战："自相残杀"成就了谁

曼昆从"消费者选择"的角度阐释了价格战，他认为，价格战是消费者选择的必然。

经济学上认为价格战是各个商品品牌或企业之间，为了实现抢占更多的市场份额、打击竞争者、清理库存等目的所采取的降价竞争。

现今社会，商品经济日益繁荣，市场竞争日益激烈，很多产品都出现了供大于求的情况，换言之，形成了买方市场。这样一来消费者挑选产品的机会多了，对于产品的质量、价格等方面的要求也高了；而对于企业来说，他们要面对的关于技术、质量、价格等方面的竞争也就更激烈了。于是，商场时时上演着一场场没有硝烟的战争，这其中数价格战最为常见、最为有效，在打击竞争对手方面最有力度。

有这样一个有趣的故事：

美国费城西部的某个小城的某条街上开着两家布店，这两家店门对门。因为这两家店买的布料是相同的，所以两家的老板经常吵架，打价格战更是常事。比如，一家店门口挂上"床单特价，仅售 6 美元"的牌子，另一家就会立刻打出"本店只售 5.9 美元"的宣传，两家店的老板谁也不服谁，于是就不断降价，直到有一家承受不住认输为止。而输掉的那家店的老板就会去大街上骂赢的那一家店的老板，说他连本钱也不要，简直疯了。就这样，小城里的人都越来越喜欢来这两家店买布料，因为每次他们打完价格战，顾客就能买到非常便宜的布料。这样的生活一直维持了三十几年，直到其中一家的老板因病去世了，另一家老板也以年老为由退休了，“战争”才算结束。

然而，没多久一个让全城震惊的消息出炉了，这两家布店的老板居然是亲兄弟！他们利用价格战抛售滞销的布料，并且成功运作了一辈子！

通常情况下，挑起价格战的一方总能得到某些好处。有的占领了更多的市场份额，崛起为行业领头羊；有的大大提高了知名度，获得了更多消费者的青睐，赢得更多的利益。这就是为什么很多商家钟情价格战的根源所在。

虽然技术、质量、服务等方面的竞争很重要，但是价格仍然是企业制胜的法宝。这主要是因为消费者不只关注产品的价值，更加关注产品的价格，物美价廉的产品往往更加受欢迎。虽然差别化定价策略可以降低消费者对商品价格的敏感度，却难以让购买力不足的消费者决定消费。比如，三星液晶电视在技术、质量以及品牌方面都具有优势，但是面对长虹、TCL 等品牌不断降价的策略，它也只能选择加入价格战。因为如果它不降价，很可能失去原本的市场份额。施乐公司正是因为没有加入价格战，才让 IBM 抢占了本来属于自己的市场份额。现实中，并不是所有商家都热衷价格战，有时候也是迫不得已。

很明显，价格战会损害企业的利益。那么，为什么很多企业还会选择这种“自相残杀”的策略？实际上，企业发动“价格大战”的根本目的就是营利，这个利益有可能是当下的收益，也可能是未来的收益。对于企业来说，如何运用价格战才能实现最好的效果呢？有调查结果显示，产品或服务的降价幅度在8%—15%之间的时候，企业可以获得较高的利润。不过，企业在决定加入价格战之前，要对自身情况和市场现状进行系统全面的分析和精确的计算，切不可冲动行事。否则，很可能会使企业的品牌和利益受损。

那么，价格战的最后赢家到底是谁呢？如果企业之间不再发生价格战，我们是否真的能看到一个和谐的市场？根据对美国市场多年的研究，经济学家们认为，价格战的最终受益者是消费者，一旦企业之间战争不再，消费者将会面临垄断时代。在垄断时代里，占领市场的一个或几个企业会联合提高价格，严重侵害消费者的利益。正是基于这一点，世界各国才先后颁布了《反垄断法》，使市场里的竞争始终存在，让价格战不断进行下去，以实现保障消费者权益的目的。因此，价格战的意义并不是我们通常认为的扰乱市场，它的存在具有积极的意义。

经济启示录

价格战对于企业来说具有重要的意义，它能够帮助企业维护或占领更多的市场份额，实现更大的利润。不过，如何实施价格战才能实现最佳的效果，仍然是值得思考的问题。

此外，价格战可以避免垄断的产生，最终维护消费者的利益。

第五章

政府与经济学：人们一直在关注的宏观调控

事实证明，完全依靠市场这只无形的手进行调节是行不通的，没有政府的监管，市场秩序就会乱作一团。但是政府也不能过度干预市场，只能在遵循市场规律的前提下，通过宏观调控引导市场朝着有序、健康的方向发展。

你想知道物价为什么会上涨吗？你想知道公共物品为什么只能由政府提供吗……本章将从政府与经济学的关系这一角度，为你解答这些问题。

政府干预理论：“挖坑”为什么会带动经济发展

经济学中假设每个人都是理性的经济人，但是当所有的人都是理性的经济人的时候，就会出现“理性合成谬误”的情况。同理，当市场经济中的全部参与者都是理性的经济人的时候，也会出现“理性合成谬误”的情况，此时，市场会失灵。在“市场失灵”的情况下，政府干预理论就出现了。

那么，什么是政府干预理论呢？政府干预理论最早由英国经济学家凯恩斯提出，他在其著作《就业信息与货币通论》一书中写了一则寓言《挖坑》。

乌托邦国陷入了经济危机之中，整个国家的经济完全崩溃了，企业破产，工人失业，人心惶惶。乌托邦政府为了缓解状况，决定以政府的名义建一个公共工程——一个大坑。挖大坑需要雇用 200 个人，而且要为这 200 个人配备 200 把铁锹。因为政府有 200 把铁锹的需求，所以生产铁锹的企业恢复生产了，进而生产钢铁（铁锹原料）的企业也恢复生产了。此外，挖大坑的工厂开始给工人们发工资了，这样一来，工人们有钱购买食物了，食品的消费也兴盛起来了。大坑挖好之后，政府又雇用了 200 个人把它填上，这样又需要给每个人配备一把铁锹……如此一来，崩溃的市场开始慢慢复苏了。国家经济恢复以后，国家通过增加税收还清为了挖坑所发行的国债，乌托邦国又变得像以往一样繁荣了。

这个故事告诉我们，当一个国家的经济衰退的时候，政府应该出来干预市场，通过政府投资等宏观调控的方式拉动国民经济，使国家摆脱经济危机。比如，2008 年美国次贷危机的时候，联邦政府通过退税、减息等手段“救市”，就是国家干预经济的体现。

然而，政府干预所带来的作用都是积极的吗？我们应该如何来看待这一理论呢？

著名经济学家马丁 · 费尔德斯坦认为应该辩证地看待政府干预理论。

1967 年，费尔德斯坦教授在对罗斯福新政与约翰逊的“伟大社会计划”等政府政策进行全面彻底的研究之后，得出了如下结论：他发现政府干预“虽然通常都是怀着美好的意愿开始的，但是其结果往往是坏的”。费尔德斯坦是一位“市场的信徒”，他强调要想从根本上减轻社会弊病，只有依靠资本积累与市场刺激这只“看不见的手”，政府干预往往事与愿违。按照费尔德斯坦教授的看法，政府干预理论在短期内可能是有效的，但是从长远发展来看，这一理论就会失效。事实上也确实如此。

而凯恩斯主义则强调政府干预的作用，认为只要是政府干预能够提供比市场调节更优质服务的领域，只要是个人不能进行平等竞争的领域，都应该依靠政府干预来调控。凯恩斯主义认为政府完全可以制定国家经济发展规划和战略、解决社会总供给和总需求之间的矛盾、协调各产业之间的比例。

不过，正如费尔德斯坦所言，这种完全信任政府干预理论的论点是有局限性的。比如，在20世纪70年代，美国、英国等发达国家的经济陷入了“滞胀”，政府采用了很多手段来干预经济，但都毫无成效，物价依然飞涨。

总的来说，完全依靠市场调节或完全依靠政府干预经济都是错误的，因为市场和政府都会有失灵的时候。因此，在目前市场经济体制下，经济学家以及民众普遍认同将市场这只无形的手和政府这只有形的手配合起来使用，才会更加有利于国家、社会和经济的长远发展。

经济启示录

在市场经济条件下，费尔德斯坦反对凯恩斯的政府干预理论，他认为政府干预在某些特殊情况下可能短期有效，但是从长期来说，这一手段存在着很多风险。

就我国的现状来说，完全依靠政府宏观调控是不可行的，完全依靠市场调节也不适合我国的现状，因此在遵循市场规律的前提下，利用政府手段适度干预国民经济，是当下最明智的选择。

经济与法：法律为什么不能成为摆设

在俄罗斯著名作家克雷洛夫的《克雷洛夫寓言》中讲述了两个很值得人思考的故事，一个故事名曰“狗熊看蜂房”。

森林里的百兽选举狗熊看守蜂房，因为狗熊非常爱吃蜂蜜，它监守自盗，从蜂房里偷了很多蜂蜜搬到家里。事情被发现后，百兽处罚狗熊整个冬季都在家里面壁思过。原本狗熊就是要冬眠的，偷来的蜂蜜也不用还回去，狗熊在家里吃着甜美的蜂蜜过得非常舒服。

另一个故事名曰“审判狗鱼”。

有一只狗鱼犯了滔天大罪，百兽们商量要对它进行审判。法官是狐狸，陪审团是两只驴、两只老马和两只山羊。狗鱼的罪行证据确凿，没法抵赖，于是它被判处在树上吊死。后来法官狐狸提出了异议，它认为绞刑不足以惩罚狗鱼的恶行，应该判处溺死，让它活活溺死。陪审团也觉得这个建议不错，最后把狗鱼改判溺死。殊不知狗鱼最擅长的就是游泳，它根本不可能溺水而死，就这样狗鱼逃之夭夭了。

在这两个故事中，法律的惩罚对于罪犯来说形同虚设，狗熊本来就要冬眠，判处它在家思过简直正合它心意！而狗鱼会游泳，根本不会被溺死，对它的惩罚刚好助它逃走。由此可见，对违法犯罪的惩处力度不够或是不切实际，法律就成了无用的摆设。

我们都知道，市场经济是通过竞争实现优胜劣汰，最终实现合理配置社会资源的。而市场交易的基本原则是公开、公平和公正，而这一原则得以实现的前提就是法律。有了法律的约束，市场才能有序；反之，市场就会毫无秩序可言，很可能会出现市场失灵或市场扭曲。

在实际市场竞争中，有些被利益冲昏了头脑的竞争者，为了达到目的不择手段，采用不正当的竞争手段，严重影响了市场竞争的公平性，妨碍了正常的市场竞争。这个时候，就需要通过法律手段来规范或制裁那些不正当竞争和垄断行为，维护市场的公平。这就好像篮球比赛一样，所有的篮球队员都必须遵守比赛规则，不能走步、不能故意伤人，一旦违规就要接受处罚，如果没有规则，比赛就根本没办法正常进行。所谓“不以规矩，不能成方圆”就是这个道理。

但是光有法律是不够的，如果法律的惩罚力度不够，或是有法不依，法律就成了毫无用处的摆设，市场经济的秩序必定会十分混乱，会对整个社会造成难以预测的伤害。经济学上认为，社会是由理性的经济人组成的，只有完善的法律和严格的执法才能维护社会的正常秩序，甜言蜜语的说教和毫无强制力的道德并不能有效规范社会秩序。

一位著名哲学家曾经说过：每个人都一半是天使，一半是恶魔。社会的经济秩序主要依靠严明的法律来约束规范，依靠严厉的惩罚来威吓巩固。如果法律不够严厉，人身上的魔鬼就会打败天使，最后魔鬼当道。英国在发展市场经济的初期，制假售假以及借钱不还的现象很普遍，但是后来英国确定了严格的法律并严厉地执行，制假售假的不法商贩不仅要接受巨额的罚款，而且还要面临牢狱之灾；借钱不还的人不仅会被法院强制抄家还债，而且还要成为囚徒。如此一来，就再也没人敢知法犯法了，英国的经济秩序得到了有效的维护，逐渐地，英国的文明诚信也远近闻名。

倘若政府管理部门对市场的监管只是心血来潮的突击检查，就不可能真正制止制假售假的违法行为。只有成立专门的部门经常对市场产品进行日常的质量检验，大力打击市场经济中的违法行为，让违法犯罪者支付的成本远远大于违法获利，那些妄图违法的人才会有所收敛。执法严明有利于减少破坏市场经济秩序和法则的行为，有利于维护市场环境。

经济启示录

“狗熊看蜂房”和“审判狗鱼”的故事说明了这样一个道理：对于违反犯罪的惩处力度不够或是与实际脱节，法律就会形同虚设。

就我国目前的社会主义市场经济体制而言，政府是维护市场经济秩序的监管者，政府应该利用好法律这个武器，严厉打击违法犯罪行为，为市场营造良好的交易秩序。就个人而言，遵循法律法规，杜绝违法乱纪的行为，才是长久经营之道。

通货膨胀：为什么你的钱越来越不值钱了

近年来，随着我国市场经济的高速发展，许多商品的价格节节攀升。粮价涨了，油价涨了，肉价涨了，房价更是在涨……这让日日与柴米油盐打交道的老百姓感到紧张，办公室、菜市场、公交车、网络媒体……关于物价上涨、经济泡沫的讨论随处可闻。那么，为什么会发生这种现象呢？为什么你的钱越来越不值钱了？

关于这个问题的答案，可以用经济学上的一个术语来解释——通货膨胀。

经济学上认为，通货膨胀是指在纸币流通的市场中，由于货币供给比货币实际需求要大，也就是说现实购买力超过了产品的供给，从而导致的货币发生贬值，使得一段时期出现物价上涨的现象。通俗地说，就是指在短期内，同样多的钱能买到的东西变少了，即钱变得不值钱了。比如，某年年初某地 5 元钱能买 1 斤大蒜，但半年后 5 元钱却只能买半斤大蒜了。

当然，这种现象如果是针对某一种商品，并不能够称作通货膨胀，通货膨胀是指一种普遍现象，也就是说，不单是大蒜涨价了，白菜、萝卜、芹菜等其他绝大部分商品也涨价了，这才可以断定为通货膨胀。当通货膨胀发生的时候，人们辛辛苦苦赚来的钱买到的东西变少了，因此通货膨胀是不受老百姓欢迎的。

通货膨胀真的那么可怕吗？事实上，并非所有的通货膨胀都是不好的，不同种类的通货膨胀会对人们的生活以及社会经济产生不同的影响。一般来说，通货膨胀主要有以下几类：

第一类，低通货膨胀，即温和的通货膨胀。这是一种比较稳定的通货膨胀，其通货膨胀率是保持在个位数内的，此时物价相对稳定，人们对货币相对信任。一些经济学家认为，温和的通货膨胀能够在一定程度上刺激经济的增长同时该情况下的商品价格趋势是可以预测的。

第二类，快速的通货膨胀。当通货膨胀率达到两位数以上的时候，就属于快速的通货膨胀了。一般来说，这种通货膨胀是不稳定的、加速的，会动摇人们对货币的信心，导致社会经济产生动荡，是一种较危险的通货膨胀。

第三类，恶性的通货膨胀。恶性的通货膨胀的物价上涨率往往可以达到三位数字以上，是极度的、超速的通货膨胀。当这种通货膨胀发生的时候，物价完全失去控制、持续飞速上涨，货币大幅度贬值。在这种情况下，整个社会金融体系也陷入一片混乱中，社会经济关系无法维持正常秩序，严重时可能导致社会崩溃。

第四类，隐蔽的通货膨胀，又称为受抑制的（抑制型的）通货膨胀。当社会经济中存在通货膨胀的压力或潜在的价格上升危机时，由于政府实施了严格的价格管制政策，使得通货膨胀并没有真正发生，始终处于一种潜伏状态，然而，一旦政府解除或放松价格管制措施，通货膨胀就会发生。

对于普通人而言，是无法控制通货膨胀的发生与否的，关键是如何针对不同情况的通货膨胀采取不同的应对方式，以减少压力和损失。首先要做的当然是努力工作，开源节流，多赚钱、少花钱，以减轻通货膨胀所带来的经济压力。此外，还可以通过合理的投资理财来抵销通货膨胀对财产的侵蚀。不过，这需要有针对性地选择投资理财工具。

关于如何理财，需要根据通货膨胀的程度来具体决定。主要分为以下几种：

第一种，在温和的通货膨胀情况下，经济处于较健康的时期，利率通常不高。这个时候，正如马丁·费尔德斯坦所言，购买大量的生活用品或将金钱转换成黄金储备都是不明智的。理智的做法是将你的资金投放到市场上，无论是投资到理财、房地产市场，还是做实业投资都是很不错的选择。

第二种，当通货膨胀达到5%—10%的时候，一般来说这时的经济处于繁荣的巅峰阶段，股市和房地产市场高涨。为了防止经济过热，政府往往会出台一些调控手段，但是却很容易被市场上投资者的热情所淹没，收不到什么效果。因此，这时，对于理性的投资者来说，无论是对股市，还是对房产的投资，都应该小心了。

第三种，在更高的通货膨胀情况下，经济明显已经过热，这时严厉的政府调控政策会相继出台，但是经济软着陆的机会不大，在其后往往伴随着一段时间的经济衰退。这时不适宜股市投资，可以选择实物投资，不过千万不要贷款买房，更不要炒房。此外也可以选择长期债券、储蓄型保险等长期固定收益投资。

第四种，当遇到恶性的通货膨胀时，最好的方法就是以最快的速度将自己的财产兑换成不受恶性通货膨胀波及的国家的货币。如果已经来不及，那么也应该尽可能将财产换成黄金、收藏品等保值物品，进行储存，以减少损失。

经济启示录

通货膨胀的发生与否和发生程度都不是普通人能够控制的，因此，个人能做的就是积极采取措施对冲通货膨胀的压力。对于个人而言，通过了解通货膨胀的程度，我们可以知道经济发展的状况，从而制订出合适的投资理财计划，减少自己在通货膨胀中的损失，保护自己的利益。

货币政策：格林斯潘为什么长期实行低利率政策

1987 年，艾伦 · 格林斯潘正式担任美联储主席，他在白宫任职 18 年，见证了美国有史以来持续时间最长的一次经济繁荣，以至于很多美国民众都认为只要他一直在职，美国的经济就会一直繁荣下去。美国评论界充满趣味地评论这位经济大师：格林斯潘一说话，整个华尔街就会立马竖起耳朵……

格林斯潘在任期间，长期实行低利率政策，多次连续大幅度减息，尽管业界很多人对他的这一政策有诸多非议，但是事实证明这一策略帮助美国避免了一次又一次危机，实现了长期的繁荣。

那么，格林斯潘为什么坚持长期实行低利率政策呢？关于这一问题，经济学家们从经济学角度做了详细的解释。

马丁 · 费尔德斯坦认为，格林斯潘对通货紧缩的忧虑程度要远远大于对通货膨胀的忧虑程度。央行在抑制通货紧缩的时候，因为零利率限制的存在，政策的延展性有限。如果发生通货紧缩的现象，实际利率上升，就算美联储将基础利率降到最低，也不可能打破零利率的限制变为负数。从这个角度来看，对于央行来说，解决通货紧缩要比解决通货膨胀更加困难。

此外，费尔德斯坦还指出，将来的经济趋势不可能完全预测到，只能大概预测每种趋势发生的概率、发生之后的后果以及影响等。而对这种后果以及影响的预测是主观的，也就是格林斯潘所谓的基于风险之上的策略。这种分析往往会造成制定货币政策时着眼于未来经济走势是通货紧缩的预测。这就好像人们决定出门是否带雨伞，谁也不知道今天是否会下雨以及什么时候下雨。就算是只有五分之一的可能性，一个理性的人也会带伞出门。费尔德斯坦并不反对带着部分主观色彩制定货币政策，不过他认为那个时期格林斯潘应该考虑一下资产价格过高的问题，适当加息以防止产生经济泡沫。

抛开低利率政策是否造成了经济泡沫这个问题不谈，格林斯潘的这一政策确实为美国带来了长时期的经济繁荣。货币政策对市场经济的影响力确实不容忽视。一个国家的货币政策就好比是一只“大手”，它在不断地校正着一个国家的经济方向，对经济产生重大而深远的影响。因此，深入了解货币政策是非常有必要的。

一般来说，货币政策是指中央银行为实现的经济目标（如促进经济增长、平衡国际收支、实现充分就业等）所采取的调节货币供给和利率，进而影响宏观经济的措施和方针的总和。货币政策分为扩张性货币政策和紧缩性货币政策两种。

扩张性货币政策是通过提高货币的供给增长速度刺激总需求，这时利息率会较低，在这种政策下取得信贷更容易。因此，扩张性货币政策比较适宜在总需求与经济的生产能力相比很低时采用。而紧缩性货币政策是通过减少货币的供给降低总需求水平，要想在这种政策下取得信贷是较为困难的，同时利息率也会随之提高。因此，紧缩性货币政策比较适宜在通货膨胀较严重时采用。

毫无疑问，对经济进行全方位的调控需要货币政策。那么，国家制定货币政策应该以实现什么效果为基准呢？货币政策的最佳调控效果表现为以下几点：

第一，保持社会总供给与总需求的平衡。通过调控货币供给量，以期达到对社会总需求及总供给两方面的有效调节，使经济趋于均衡。由于总需求膨胀导致供求失衡时，对货币量进行抑制；当总需求不足时，则需要增加货币供给量，从而提高社会总需求，使经济继续平稳发展。同时，增加货币的供给将利于贷款利率的降低，从而减少投资的成本，刺激投资的增长，促进生产的扩大，增加社会总供给；反之，将使贷款利率上升，抑制社会总供给的增加。

第二，通过控制货币总量和调控利率来控制通货膨胀，保持物价总水平的稳定。无论多么复杂的原因形成了通货膨胀，从总体上看，其表现都是流通中的货币超过社会中的不变价格下所能提供的劳务总量和商品总量。提高利率可推迟现有货币的购买力，可以减少社会需求，同时也减少银行贷款的需求；降低利率的作用则与之相反。

第三，调控国民收入的储蓄和消费比例。货币政策是通过调节利率影响人们的储蓄倾向和消费倾向的。高利率有利于吸收储蓄，低利率则可以鼓励消费。

第四，储蓄转化为投资并实现合理的资源配置。投资的来源是储蓄，但储蓄却不能自动转化为投资，只有在一定的市场条件下，储蓄才可转化为投资。而货币政策就是通过利率的变化影响投资的边际效用和投资成本，提高转化储蓄的比重，并且在金融市场的有效运作下实现资源配置的合理化。

经济启示录

费尔德斯坦批判性地肯定了格林斯潘的货币政策，他认为长期低利率的货币政策的确促进了美国的经济繁荣，但是由于过于担心货币紧缩，忽略了资产价格太高的问题，为日后经济泡沫埋下了隐患。由此可见，货币政策对于调控一个国家的经济来说确实起着相当重要的作用，但需谨慎使用。

公共物品：为什么路灯不能由私人来建设

我们都知道马路上的路灯是政府出资修的，路灯的日常维护也是由政府负责。那么，你是否想过这样一个问题：为什么路灯不能由私人来建设？

要想了解这个问题的答案，首先要了解什么是公共物品以及公共物品的特征。这里以灯塔为例进行说明。

经济学家们很早之前就把灯塔当作公共物品的典型例子了。灯塔的作用是为船舶指引方向。灯塔为人们所提供的利益不仅没有排他性而且也没有竞争性，所以，几乎所有的人都可以搭便车，也就是说利用灯塔选择航行方向但是不支付任何费用。因为搭便车者的存在，一般情况下私人往往不会建造灯塔。所以，现在海上的绝大多数灯塔都是政府建造的。

不过，在某些情况下，灯塔也和私人物品类似。比如，19 世纪，英国海岸上的很多灯塔都是私人建造并经营的。不过，灯塔的所有者并不向过往的船长收费，而是向附近港口的经营者收取一定的费用。倘若港口经营者不愿意支付费用，灯塔所有者就会选择关灯，过往的船只就不那么容易停泊到这个港口。

经济学家曼昆认为，在判断某种物品是否属于公共物品的时候，首先一定要确定受益者的人数，并且判断是否能够把这部分受益者排除在使用这种物品的人之外。一旦受益者人数众多，而且无法排除任何一个受益者的时候，就会出现搭便车的行为。倘若一个灯塔能够让很多船长受益，那么这个灯塔就是个公共物品；但是倘若这个灯塔的主要受益者是某个港口的经营者，那么这个灯塔就是一个私人物品。

在现代市场经济条件下，有些产品和服务是私人不愿意提供的，这些产品和服务就是公共用品。比如，在灯塔的例子中，通常情况下，灯塔就属于私人市场不愿意提供的公共物品。而政府和某些相似的公共组织就需要担负起这样一项职责——向大众提供这种公共用品。

经济学家普遍认为公共用品具有两个特征：

一是非竞争性，是指某些人对某一产品的消费并不会影响其他人对这一产品的消费以及受益，如一个国家的国防保护了这个国家的所有公民，国防的花费和每个公民从国防中获得的保护不会由于一个新生儿的诞生或是一个人的移民而发生改变。而竞争性则是指某些人消费或使用了某个商品就会减少别人从这个商品中获得的利益，如我吃了一个橘子，别人能够吃的橘子就少了一个。

二是非排他性，是指某些人对某一产品进行消费的时候，无法排除别人也消费这一产品（即使他们不付费）。在灯塔的案例中，一个船长享受了灯塔为他带来的便利，但是并不能阻止别的船长也享受这种权利，而且别人所享受的便利不会因为前一个船长享受了而减少。再比如，环保部门在城市中建设公共绿地和公园，这对于所有的居民来说都是一件好事。它能够使所有的人都享受干净整洁的环境和新鲜的空气，要排除某些居民是不可能的。

日常生活中经常会发生这种有趣的现象：几乎没有人会主动维修马路上坏掉的路灯。这主要是由于城市中的路灯，它可以照亮你回家的路，也可以照亮你的邻居回家的路；你从路灯的身上得到了好处，你的邻居得到的好处也不比你的少。假如你家门口的路灯坏了，你会自己花钱去修吗？可以想象，绝大部分的人不会自己花钱去修，而是等待政府或别人去修。倘若政府一直没有维修，可能马路上坏掉的灯就会一直黑下去，因为每个人都不希望别人搭自己的便车。

曼昆教授还举过一个关于放烟火的案例：美国有一个小镇的居民热衷在国庆节（7 月 4 日）的晚上看烟火表演。这个小镇一共有 500 个居民，他们每个人观看烟火表演的价格为 10 美元，那么总价就是 5000 美元，而放一次烟火的成本是 1000 美元，很显然 5000 美元大于 1000 美元，因此在国庆日晚上放烟火是可以盈利的。但是私人市场真的可以实现这种盈利吗？可能很难。假设企业家艾伦想要举办一次烟火表演，那么他肯定很难卖出自己的门票，因为小镇居民即使不买票也完全可以欣赏烟火表演。因为烟火表演不具备排他性，所以人们都会想要搭便车，看免费的烟火表演。

如此一思量，私人市场就不会为小镇居民提供烟火表演了，那么还有别的办法来解决这个问题吗？答案是肯定的。小镇政府可以为居民们免费举办烟火表演活动，但通过增加纳税的手段平衡收支，如每个人增税 2 美元或以上，并用（2 美元／人 ×500 人 =1000 美元）这笔税收来雇用企业家艾伦为居民举办烟火表演。

所以说，政府能够解决这种问题。倘若政府能够确保总收益比成本高，政府就能够为居民提供公共用品，然后用税收支付它的花费，这样一来每个人就都能够观看烟火表演了。实际上，无论是从经济学角度，还是政治角度来看，公共用品都应该由政府来提供。

在日常生活中，我们经常能够免费享受一些产品和服务。比如，路灯、公园、路边的椅子等。总的来说，公共物品能够分成三种：一种是纯公共物品，兼具非排他性和非竞争性，如路灯、灯塔；另一种公共物品在消费时具有非竞争性，但是不具有非排他性，有些经济学家称之为俱乐部物品，如休闲会所里的游泳池、高尔夫球场；最后一种公共物品在消费时具有竞争性和非排他性，有些经济学家称之为公共资源，如公共绿地。

俱乐部物品和公共资源一般被称作“准公共物品”，因为它们不能同时具备非竞争性和非排他性。一般情况下，这种准公共物品具有“拥挤性”，也就是说当消费者的数量非常多，达到某个数值之后，边际成本就会变为正的（公共物品的边际效用始终为零）。比如，后面一节案例中提到的镇公地，当羊群数量达到某个数值之时，草地就会不堪重负，失去自我养护的能力。

一般来说，纯公共物品都应该由政府来提供，最为典型的例子包括国防、基础研究以及反贫困等。这主要是因为这类公共物品和服务无法由私人市场获得。

经济启示录

关于灯塔和烟火的案例说明了两点：一是，公共物品具有非竞争性和非排他性；二是，公共物品理应由政府提供。此外，由公共物品也可以引发我们对社会公共事业的思考，如为什么反贫困需要由政府出面牵头等。

公地悲剧：过度放牧的恶果

在现实生活中，我们经常会发现这样一个现象：公共设施常常是刚装上后没多久就会被破坏，但是维修起来的速度特别慢。假如你家附近的公共长椅坏了，你会主动去维修吗？在上一节我们已经回答过类似的问题，答案是否定的。那么，为什么会发生这样的现象呢？

关于这个问题，可以总结为一句话——公共设施是公共物品，人们往往对自己的东西关心得更多，而对公共物品的关心很少，这就导致了“公地悲剧”。

“公地悲剧”的概念来源于这样一个真实的故事：

17 世纪，某个小镇的生活是这样的：这个小镇上的人从事各种各样的工作，养羊是其中最主要的经济活动。小镇上的很多家庭都以养羊为生。平时，羊群都在小镇附近的一块草地上吃草，这块草地就是镇公地。这块草地不属于任何一个家庭，它是小镇所有居民的集体财产，任何居民都可以在草地上放羊。由于这块草地很广阔，任何人都能够得到他们理想的优质草地，镇公地具有非竞争性，居民们免费在这块草地上放羊也没有导致什么问题。这时小镇上的所有人都是幸福的。

随着时间的推移，小镇上的人口不断增长，在镇公地上吃草的羊也不断增长。土地的承载力是有限的，随着羊群数量的增加，土地逐渐失去养护的能力。最后，羊的数量变得非常多，而这块公地寸草不生了。因为公地上没有草了，小镇居民不能再以养羊为生了，并且之前小镇上因养羊而兴盛起来的羊毛业也衰败了。就这样，小镇上的很多家庭没有了收入来源。

那么，为什么会发生这种悲剧？为什么养羊的家庭会不断增加羊群的数量，最终彻底破坏了镇公地呢？

曼昆认为，这主要是因为社会激励和私人激励是完全不同的，要想保护草地需要全镇所有居民的集体行动。倘若养羊的家庭一起行动，就能够让羊群减少到草地能够承载的规模，但是由于每个家庭的羊群不过是导致问题发生的一小部分原因，所以几乎没有家庭有主动缩小自己羊群规模的激励。

公地悲剧的发生也是由于负外部性。因为一个家庭的羊群在草地上吃草，就意味着降低了别的家庭的羊群能够获得的食物的质量。人们在扩大羊群规模的时候几乎不会想到这个外部性，最后导致了羊群规模如此之大。

实际上，如果镇政府能够预见到公地悲剧，政府可以通过多种办法来预防。比如，政府可以强制规定每个家庭养羊的数量，采用对每只羊征税的办法将外部性转化为内在性，或者是采用拍卖有限的牧羊许可证等办法。此外，还有一种更为简单的办法，小镇可以将草地平分给每个家庭，每个家庭就会用栅栏将土地圈起来，因为土地归自己所有，人们就会自觉保护草地，控制羊群规模。

从公地悲剧中我们可以得出这样一个结论——当某个人使用公共资源的时候，这个人就减少了别人从这个资源中获得的收益。因为这种负外部性，公共资源经常被过度使用。这也是为什么公用设备最容易破损、公共场所卫生往往脏乱差、国有企业很难盈利等问题的根本原因。

我国著名军事谋略家刘伯温在《郁离子》中写过这样一个有趣的故事：

有一个名叫瓠里子的官员打算从吴地乘坐官船到他的故乡广东，他到达河岸之后才发现岸边的船很多，有一千来艘，根本不知道哪条才是他要乘坐的官船。他问送行的人如何才能找到官船，送行的人说："这太简单了！船篷很旧、船橹折了、布帆也很破的船肯定就是官船了。"瓠里子照这个标准去找，很快找到了官船。他叹息一声，说："唉，世风日下，官府的东西竟然破坏得如此严重。"

这个故事里，官船之所以破坏非常严重，就是因为官船是公有的，很少有人像珍惜自己的船只一样珍惜官船。正如先哲亚里士多德曾经说过的那样：“很多人共同拥有的东西往往很少有人关心，这是因为每个人对自己东西的关心程度都远远大于对和别人共有的东西的关心程度。”

悲剧的根源是由于人的私欲得不到有效的抑制。“既然草地是和其他人共有的，我不用别人也会用，别人增加羊群的数量，我不增加，我就吃了亏。别人不减少羊群，我为什么要减少？”几乎每个牧羊人都会这样想，于是大家就陷入了一个怪圈无法自拔，基于这种思想，所有的人都无限度地使用草地，“同归于尽”成了无法摆脱的命运。

在我国的一些地方，公共设施经常被破坏且长期无人修理，而自己家的东西若是坏了就会被很快修好，这就是因为公共设施是公有的，很少有人像爱护自己家的东西一样爱护公共设施。此外，政府没有严格的制度约束也是一个重要原因。假设规定谁破坏了，谁就必须维修，并且罚款或警告，那么谁还敢随便破坏公物？

避免公地悲剧的发生，政府必须制定严格的管理制度并认真执行，责任到个人。这样，那些妄图破坏或浪费公共资源的人就会得到约束，公共资源才能得到有效的保护。假如国家颁布法律对破坏公共设施的人实行拘留或是罚款，并严格执行相关规定，那么，即使公共设施不会被珍惜，也没有人敢破坏。

经济启示录

经济学家们认为公地悲剧发生的根源是因为负外部性，人们在增加羊群数量的时候不会考虑这一因素，所以羊群越来越多。此外，社会激励不足以让人们减少羊群数量，也是导致悲剧发生的一个重要原因。

从个人的角度来说，爱护公共资源，保护公共设施，实际上就是维护我们自己的利益。因为一旦公共资源被损害，每个人都是利益受损的主体。

就业与失业：失业会有多可怕

就业从来就是一个让人敏感的沉重话题。一个人如果失业的话，从某种程度上来说也就失去了经济来源，很有可能无法在社会上生存。对于公众来说，失业是可怕的，试想一下如果你失业了会是怎样一种情形呢？

2007 年，金融危机爆发后，全球的失业率一直居高不下。据美国劳工部数据显示，截至 2011 年 6 月 25 日，美国申请失业救济金的人数已经连续 12 周超过 40 万人，这也就意味着美国的就业市场非常不稳定，失业率很高。那么，要如何解决失业问题呢？著名经济学家肯尼斯 · 罗格夫客观地回答了这个问题，他认为彻底解决失业问题任重而道远，而解决失业的唯一途径就是增加对科技创新和教育事业的投入。

有这样一则关于失业的笑话：一个人说“爱情能够解决失业问题。把所有的男人都放在一个海岛上，再把所有的女人都安置在另一个海岛上”。另一个人问：“嗯？这怎么会呢……啊，懂了……这样的话，男人们和女人们就都会忙着造船，这样所有的人就都有工作了。”面对失业这个沉重的话题，人们不得不苦中作乐，如很多大学生在毕业前夕都会揶揄地说：“毕业那天我们一起失业。”诸如此类的笑谈中透露的更多的是无奈与彷徨。

就业问题不仅和每一个人的切身利益休戚相关，而且还牵扯着整个社会的稳定。所以，无论是经济学家还是企业决策层，无论是发达国家还是发展中国家，无论是平民百姓还是达官显贵，都非常关注社会的就业问题。尤其是从 20 世纪 90 年代开始，随着经济全球化速度的加快，进入了新的一轮经济结构调整，结构性失业和摩擦性失业的人数也大量增加，就业成了许多国家的一个严峻的问题。正如美国一些学者所言，美国的高失业率不仅是一个经济难题，更是一个严峻的社会难题。对于我国来说也是如此。

在经济学范畴中，失业是指一个人有能力并且愿意为获取报酬而工作，但却未能得到工作岗位的情况。失业率是失业人数占总人口的比例，是用来衡量闲置中的劳动产能的，其计算公式为：失业率 = 失业人口 ÷ 劳动人口 ×100%。

失业率的高低在很大程度上反映了经济状况。当失业率一直居高不下时，很难说这样的经济状况是良好的、正常的。失业率过高往往代表着资源没有得到充分的分配和利用，这样的经济发展是具有改进空间的。同时，失业率过高会导致没有稳定的生活保障的人数过多，会威胁到社会的安定。

通过关注失业率的高低和分析其原因，能够在一定程度上发现潜在的经济问题与社会问题。一般来说，失业的结构与变动情况是观察重点。

第一，摩擦性失业：摩擦性失业是指人们在寻找工作或转换工作过程中的失业现象。现实中，人们通常不可能一次就找到自己满意、并且愿意终身从事的职业，在找到这样一份工作之前，往往会频繁地更换工作；而由于居住地的变更而要更换工作的情况也不在少数。在工作变更过程中出现的失业情况就属于摩擦性失业。

摩擦性失业现象往往会导致求职者找不到满意的工作，用人单位也缺乏自己需要的人才，造成就业难和招工难并存的现象。现在好多大学生毕业时都觉得工作不好找，而另一方面用人单位又大呼缺人，就属于这种情况。那么，如何才能降低这种失业率呢？增加职业训练计划，提高就业信息透明度，都能使失业者确实掌握就业机会，从而在很大程度上降低摩擦性失业率。

第二，结构性失业：结构性失业是指由于市场竞争、市场结构改变，或者生产技术改变而造成的失业。比如，由于经济的发展，IT 行业的高端人才紧缺，而炼钢工人却因为钢铁业的不景气而面临失业。这些都是因为经济的结构性调整而造成的失业。

与摩擦性失业相比，结构性失业的周期往往要长很多，失业者往往要忍受长时间的失业痛苦，才能够重新找到工作，如钢铁工人很难在短时间之内将自己培养成为炙手可热的 IT 专业人士。

第三，季节性失业：季节性失业是指由于某些行业的生产受到气候、社会风俗、消费者购买习惯等因素的影响，从而导致该行业对劳动力的需求出现季节性的波动而形成的失业。例如，生产冷饮的工厂在夏季的时候由于销量大往往会大量扩招，而冬季的时候，由于产品进入销售淡季，也就不需要太多的劳动力来进行生产了，于是开始裁减员工，这样就造成了工人的季节性失业。

第四，周期性失业：周期性失业是指由于整个经济周期波动造成劳动力市场上供大于求的情况，从而使许多劳动力闲置，产生失业。周期性失业通常在经济周期的萧条阶段才会出现。

第五，技术性失业：技术性失业是指在生产过程中引进先进技术代替人力，以及改善生产方法和管理而造成的失业。如精益理论，六西格玛方法论，以及各种智能生产，自动化流水线，标准化作业等，这些工具和方法论，外加以各种先进设备的辅助使得企业对传统劳动力的需求大大下降。

如果按失业的主观意愿来区分，其中摩擦性失业和结构性失业被归结成自愿失业，因为这是由劳动者自身能力和意愿所导致的失业，虽然可能是长期失业，但劳动者通过其自我调整，包括主动地学习技能，改变就业观点等方式，是可以改变失业状态的。而季节性失业，周期性失业，技术性失业都属于非自愿失业，这是市场环境变化或社会发展趋势导致的，不随劳动者自身的主观意愿改变而改变。

当经济处于繁荣和复苏期，各个用人单位都争先扩充生产，对劳动力的需求就大，失业率自然就低；当经济处于衰退和低谷阶段的时候，各厂商不看好投资前景，因此纷纷压缩生产，大量裁减雇员，这样失业的人也就相对增多。周期性失业往往不会只发生在某一个人身上，一旦发生往往就会有数目惊人的失业大军出现。

失业是一种非常普遍的社会现象，不管是在哪个国家，不管其经济有多么发达，都会有失业者存在。大多数人都认为失业是一种不好的现象。但西方经济学家却指出，比例合理的失业现象是促进社会发展所必需的条件之一。比如，在我国，大学生摩擦性失业的现象比较严重，但是却能够促进人才的流通，使得人力资源的配置实现最优，进而对经济的发展产生积极的影响。同样，结构性失业虽然说周期相对要长，却能够促使人才自动更新优化，从而使人力资源得到整体优化。

经济启示录

经济学家罗格夫认为，进行科技创新和提高教育程度，是解决就业最为行之有效的办法。对于政府来说，可以采取增加教育投资，对失业者进行再就业培训，引导失业者找到合适的岗位等措施；对于个人而言，扩大自己所掌握的就业信息量、提高自己的职业素质、不断学习进步等方式都可以帮助自己再就业成功。

财政赤字：美国政府为什么总是“入不敷出”

有这样一则关于财政赤字的笑话：

爱因斯坦遇到了三个新西兰人，他们愉快地聊天。爱因斯坦首先问他们的智商是多少。第一个人说他的智商为190，爱因斯坦开心地说：“我想我们可以一起讨论物理学和我的相对论。”第二个人说他的智商为150，爱因斯坦平静地说：“我想我们可以一起讨论下世界和平问题。”第三个人说他的智商为80，爱因斯坦犹豫了一下说：“我想你可以猜测一下明年的美国财政赤字是多少。”

美国的财政赤字由来已久，从20世纪30年代罗斯福总统推行新政以来，财政赤字已经成为联邦政府的“家常便饭”。对此经济学家的观点如何呢?

曼昆认为缩减财政赤字最为有效的方法就是建立新的个人账户体系和提高美国民众的退休年龄。

曼昆指出，人口的数量变化造成的社会保险资金短缺，是导致联邦政府财政预算持续增大的重要因素。1950 年，每个领取社保的美国人背后有 16 名工人在缴纳社会保险费用，而 2009 年每个获益人的背后只有 3.3 名工人在支付社保费用。据 2019 年 4 月美国社保信托基金受托人理事会的年报预测，2035 年美国基国养老保险信托基金累计结余将耗尽。

2004 年，曼昆提出建立一个全新的“个人自愿账户”体系，这一账户可以用来将居民个人的部分退休储蓄拿出来投资股票型基金等，当然这完全是私人性质的，其目的是“让个人能够为自己的将来增加更多的收益”。此外，2006 年 1 月，曼昆在美国经济学年会上说：“延迟退休也可以缓解财政赤字。”他表示自己非常支持提高退休年龄，虽然这个目标的实现需要一段比较长的时间。

曼昆还描述了一个有趣的现象：倘若你在经济学会和普通民众中分别发起这样一项调查——如何解决养老补助支出，我想绝大多数经济学家会选择提高退休年龄的策略，而这一策略恐怕是最不受民众欢迎的方案。这也是总统们很少提起这个话题的缘由。

曼昆认为关于这种选择的悬殊差异有两种可能：一种是

经济学家可能更满意自己的工作，所以不在意更长的工作年限；另一种是经济学家对这个问题的考虑比大众更透彻，并且我们知道提高退休年龄对国家和大众来说都是最佳的解决方案。如果是第二种，我想我会劝大家接受这个方案。

那么，什么是财政赤字呢？政府的支出大于收入所形成的差额就是我们所说的财政赤字。相反的，政府的收入大于支出所形成的差额就是财政盈余。不过在当今世界各国，绝大多数政府倾向于“寅吃卯粮”，所以政府就会出现财政赤字。一旦政府财政入不敷出，会计在处理这种差额的时候，就会采用红字记录，这就是为什么称为“赤字”的原因。政府财政赤字的产生分为两种情况：一种是刻意为之，叫作“赤字财政”或“赤字预算”；另一种是在执行中实际发生的，并非提前设计的，叫作“财政赤字”或“预算赤字”。

财政赤字并非一无是处。居民消费不足时，通常情况下政府就会加大政府投资，以刺激经济增长，这种财政赤字具有一定的积极作用；不过，长期的财政赤字也会成为国民经济巨大的负担，影响经济的发展和人们的生活水平。

国际上规定了衡量财政赤字的警戒线：财政赤字占国内生产总值的百分比不能超过3%，如果超过的话政府就会出现财政风险，很显然美国的财政赤字已经具有相当大的风险。

在现实生活中，有时候个人或家庭因为种种原因，也会出现入不敷出的情况，即“赤字”现象。比如，现在很多刚毕业的大学生每月收入只有2000元左右，刨去房租、伙食费、交通费、通信费以及服装费等必要费用，往往所剩无几，而一旦出现什么意外支出，需要用钱，他们的个人“小财政”就会出现“赤字”，不得不跟父母或朋友借钱。不过政府的财政赤字总归有大众来承担，而个人的“赤字”只能由自己承单。因此，对于个人来说，把握好自己收支的平衡非常重要。

经济启示录

曼昆教授认为，要解决美国的巨额财政赤字最好的办法就是延迟职工的退休年龄，这主要是由于社保基金的亏空是导致政府财政赤字的主要原因。此外，无论政府财政赤字多大，最终也是纳税人为其埋单。因此，对于个人来说，完全依靠社保可能已经不再可靠，制定一份长远的养老储蓄规划并加以执行才是最为保险的。

税收：美国为什么要实行退税政策

2008年，由于受到次贷危机的影响，美国经济严重下滑，很多经济学家对此非常忧虑。为了刺激社会经济，提高总需求，美国国会通过了退税法案。那么，美国为什么要实行退税政策？退税是一件好事吗？

关于这个问题，曼昆在课堂上和学生们进行了激烈的讨论。

2008 年 4 月 28 日，美联社网站上刊登了这样一条新闻："政府将在 4 月 28 日提前发放退税支票，大约会有 1.3 亿个美国家庭将会收到退税支票，每个人最多可以获得 600 美元，一对夫妻最多可以获得 1200 美元，家庭户中每个未成年孩子另加 300 美元。"

曼昆打印了这条新闻，并跟学生们说："这是一种典型的通过短期财政刺激国家经济的政策。"他在课堂上问他的学生："倘若你是一位国会财政预算办公室的经济分析员，你要怎么做呢？"曼昆表示，这并不是不会发生的，经济分析员很可能会是学生们之中的任何一个或几个，优秀的学生会在暑假实习或毕业后找到第一份工作，"你的上司，某个州的参议员或者众议员可能会提议增税，然后让你分析一下增加税赋之后会发生的各种可能"。

曼昆指导学生们从以下两个方面来思考和分析问题：

第一，税收改变了市场均衡价格，生产者与消费者的福利都会因此而减少。社会福利随着税率的升高而减少，边际损失也是如此。

第二，新增加的税收到底由谁承担，这种新的税收政策会对税负结构产生什么样的影响。

另一位经济学家罗伯特·巴罗曾经研究了这个问题。巴罗表示，减少税收，实际上对美国大众一点好处也没有，这不过是把后代的钱提前透支了。由于政府的财政赤字早晚要还的——当代人注重享受，透支消费，下一代人就要被迫偿还；下一代人不愿意还，他们的下一代也要还……总之，欠债会越来越多。因此，倘若我们为子孙后代的幸福着想，了解他们早晚得还这些“财政赤字”，我们就应该把政府退给我们的税费攒起来，留给下一代，一分钱也不能花，因为这本来就是他们的。但是倘若我们不用这些政府退回来的税收进行消费，国家的总储蓄与总消费就一点变化也没有，政府想要达到的刺激消费的目的也就不会实现了。

曼昆教授和罗伯特·巴罗教授对退税政策的看法非常透彻。以增加财政赤字为前提的退税政策，并不像人们想象的那么好。正所谓“羊毛出在羊身上”，欠债早晚要归还的，即使你不还，你的儿子也会替你还；你的儿子不还，你儿子的儿子也要还……如此下去，债务将会无限地增加，整个人类社会就会面临巨大的社会问题，或者说是灾难。

有这样一则关于税收的故事：

西班牙著名作家塞万提斯曾经涉足过税收领域。塞万提斯出生在一个没落的西班牙贵族家庭，二十多岁的时候因为爱国参加过卫国战争，并在海战中失去左手，后来又被海盗囚禁了五年，直到 1580 年才获得自由。1587 年，他在家乡当上了税务员，有一次他到地方征税，因为赶上灾荒，普通民众根本没钱交税，但教堂里一个讲经师却非常富有，他的仓库里放满了粮食。于是塞万提斯下令征收讲经师的粮食，以抵偿其他普通民众应纳的税。这件事让教会非常愤怒，很快他被赶出教会，后来又多次被陷害入狱。在这种悲惨的经历中，他创作了流传后世的《堂吉诃德》。

税收是国家强制征收的，无论权贵还是百姓，都不能逃脱。事实上也确实如此。在现实生活中，我们时刻都能感受到自己是国家税负的承担人，从经济学的角度来说我们每个人都是“税负归宿”。“税负归宿”是指最终负担这一项税收的个体。需要指出的是，这个是针对法定纳税人制定的。之所以会这样规定，主要是因为法定纳税人和最终的税收负担者有时可能并不是一致的。

乔治在纽约的一家超市购物，当时他挑了一件夹克，价格标明是 100 美元。但是在付账时，他却需要付给收银员 108 美元。他的小票上是这样标注的，在这 108 美元的消费中，8 美元是销售税。这样的情形对于乔治来说不是第一次了，在其他州乔治的经历也一样。在美国及欧洲的一些国家，顾客必须按“标价乘以税率”的模式支付销售税。小票可以让乔治及时、准确地了解在这次购物中自己缴纳了多少税款。

后来，乔治来中国旅游，他在一家大型超市购物结账后，发现小票上没有标明税率，上面只有他所购买的货物的价格及数量，于是乔治的疑问产生了：难道在中国购物，消费者可以不必支付销售税？

的确，美国和中国的税制有所不同，在我国相应的税种是消费税和增值税。在我国，商品的标价是多少，顾客就支付多少钱。如果不作经济学分析，我们就很容易产生与乔治同样的疑问：难道中国的消费者不必为销售付税吗？然而，事实果真是如此吗？当然不是的，按照我国税法，增值税是商家要缴纳的，商家是法定纳税人。但是此刻往往消费者是实际税收负担者——消费者所承担的税额就包括在衣服的价格里，只不过是购物小票上没有标明。

浅显地说，无论是在美国还是中国，虽然税制会有差异，但是纳税的主体是不变的——纳税人都是个人。个人在经济活动中，无论是工作收入还是消费支出，都会不可避免地成为国家的纳税人，谁也不能逃脱。

税收是关系国计民生的大事，它反映了国家和居民之间的利益分配关系，也是全社会各种利益关系的矛盾体现。美国之所以实行退税政策，其目的是拉动国民消费，其实质也是缓解国家和居民之间的利益矛盾。因此，国家如何利用税收这个工具平衡好社会各方的利益关系，是一个值得政府深入思考的问题；而对于个人来说，所有纳税人都应该主动履行自己的纳税义务，这对国家和整个社会的发展是有积极作用的。

经济启示录

曼昆认为，美国实行退税政策的目的是刺激国家经济，而巴罗则认为通过财政赤字减少税收对于美国人来说毫无好处，因为财政赤字迟早需要美国民众来还，这一代不还，下一代也要还，如此累积下去。

税收的纳税主体是普通民众，无论增税还是减税都会直接或间接影响人们的利益。政府在确定税收政策的时候应该充分衡量社会各方的利益关系，切记不能激化矛盾。

增值税：美国为什么不实行增值税

同样一件奢侈品，在中国和美国的价格相差很多，这是为什么呢？这其中一个很重要的原因就是中国和美国对商品征收的税费大不相同。比如，同一款进口手提包，在中国需要征收的税率为：13%（增值税）+20%（关税）=33%；在美国需要征收的税率为：7.5%（消费税）=7.5%（美国各州消费税率不同，这里以加利福尼亚州为例）。很明显，增值税是导致商品价格差异巨大的重要原因。

增值税是我国最大的税种，增值税的收入占全国税收总收入的60%以上，是中央财政收入的重要来源。

既然增值税如此重要，为什么经济强国美国不实行增值税呢？虽然美国目前并没有征收增值税，但是美国人却从未停止过对增值税的研究和探讨。

事实上，早在1918年，美国经济学家亚当斯密就提出了增设增值税的主张，并且向美国联邦政府提出了建议。1953年，密歇根州为了减少财政赤字，增设了增值税，原本打算只要财政收入好转就立刻停止，但是由于受到普遍欢迎，一直到1967年才停止征收。

2009年6月4日，经济学家罗伯特·巴罗在接受《21世纪经济报道》采访的时候，提到了增值税的问题。他认为美国的经济预期让人不容乐观，而政府的财政赤字更是让人担忧。他支持现任美联储主席本·伯克南关于建议联邦政府削减财政赤字的呼声，并且提出了具体的建议。他建议削减财政赤字只能从两方面下手，一方面是减少财政支出，另一方面就是想方设法增加财政收入，而设立增值税无疑是一个增加财政收入的有效举措……他认为增加税收具有很强的可行性，美国目前还没有增值税，他认为完全可以新设置一项。

美国很多经济学家以及联邦政府都对增值税表现出了浓厚的兴趣。或许不久的将来，增值税也开始成为美国人需要缴纳的一个重要税种。

那么什么是增值税呢？增值税是指对境内销售商品或提供修理、加工等劳务，以及对境外进口商品的个人和单位征收的一种税。

增值税是对商品在劳务服务、生产、流通等许多环节中的商品的附加值或者新增价值征收的一种流转税。商品征税必须是有增值的，没有增值不会征税。但是一件商品的附加值或者新增价值是在真实的生产和流通中产生的，是难以准确计算结果的。目前我国采取了国际上通行的税款抵扣方式。

那么，增值税是不是只有增值才用交税呢？答案是否定的。

根据我国增值税暂行条例规定：一般纳税人纳税针对其增值部分征收税款，也就是销项税减去进项税之后的额度；小规模纳税人针对销售全额计征税款，而不是增值额。看上去小规模纳税人似乎很吃亏，但实际上并不是这样的。

小规模纳税人是指年销售额在规定标准以下，并且会计核算不健全，不能按规定报送有关税务资料的增值税纳税人。绝大多数创业企业或者初创公司的初期都属于小规模纳税人，虽然针对销售全额征求税款，但由于没有进项税抵扣，所以国家和地方税务对小规模纳税人经常有各种减免和税收优惠。

一般纳税人虽然对增值部分征求税款，但因为其销售额相对小规模纳税人要大得多，而且通常具备完整的会计核算能力，所以依然是国家税收的最主要来源之一。

举一个一般纳税人的例子：假设此案中涉及的公司均为一般纳税人。假定税率为16%，乙公司向甲公司购进100件货物，金额是10000元。对这样的采购行为，国家是收增值税的，由“税负转嫁”这一理论我们知道，纳税人是甲公司，他会将这部分税款转嫁到乙公司身上。由此，乙公司实际上付货款为 10000+10000×16%=11600 元。此时 1600 元的增值税由乙公司负担了，这就是所谓的增值税的价外征收。这 1600 元增值税对乙公司来说，就是“进项税”，这 1600 元增值税最终要上缴给国家。

随后乙公司开始加工。假设购进 100 件货物全部加工成新产品 150 件，再出售给丙公司，销售额为 15000 元，这时国家同样要收增值税。同上，丙公司要向乙公司支付的货款为 15000+15000×16%=17400 元。其中，2400 元对乙公司来说，就是“销项税”，也是要上缴国家的。

但乙公司购进货物时已经支付过进项增值税款 1600 元，现在销售新产品还需缴纳销项增值税是 2400 元，但此时的增值税款由乙公司上缴给国家的就不是 2400 元，而是 2400−1600=800 元了。这时的 800 元是丙公司支付的，只是由乙公司交给国家。同理丙公司再卖给丁公司，丁公司再卖给戊公司……以此类推直到最后的消费者。在这个过程中所需要的增值税，最终都会转嫁到消费者身上。鉴于这一点，增值税属于流转税。

由此得出增值税基本计算公式：应纳税额 = 销项税额 − 进项税额。

增值税在世界范围内经过漫长的研究和试验后，终于被各个国家普遍接受，因为它有效地消除了重复征税。我国在经过较长时间的试点后，于 1994 年开始推行新制，在生产、零售、批发各环节全面推行增值税。

在增值税实行以前，商品每经过一个生产流转环节，都要按其销售收入全额征收一道流转税。这一做法与上面举的例子相比是不能扣除已征税款的。鉴于此，生产流转环节较少的商品税收负担就会比较轻；反之亦然。比如说一个厂家能够“一条龙”生产，那么当生产流转环节少时，税负必然会较轻；而从原料到部件再到最终产品，经过更多的生产流转，税负势必较重。重复性征税是违反市场公平原则的，会对市场的经济活动造成冲击，并打击投资的积极性。

增值税推行后，对于企业来说，关键好处就是能够抵扣商品在以前生产流转环节中所缴纳的税款，在诸多流转环节后，增值税由企业应负担的都是一定不变的，由此能够有效地实现税负公平，使自然资源和劳动力达到最佳配置，从而有利于企业进行公平竞争。此外，增值税还有利于生产经营结构的合理化，有利于扩大国际贸易，有利于国家稳定、及时地取得财政收入。

事实上任何事物都有利有弊，增值税也是如此。增值税也会受到批评，这主要在于其累退性质。从上面可以看到消费者最终承担了税收。现在我们以日用品和粮食为例，对任何收入阶层的人来说，粮食都是必需品。低收入者在日用品的购买中承担的增值税在其收入中所占的比例要比高收入者更大。

现在仍以增值税率 16% 计算。一个每年收入 1 万元的低收入者，每年消费 7000 元，其中的 1120 元都会用来交税；但是一个每年收入 10 万元的高收入者，每年消费 5 万元，需要缴纳 8000 元的增值税。那么，增值税所占个人收入比例，高收入者为 7%，低收入者为 9.8%，那么增值税所造成的经济压力，低收入者要比高收入者更大。显然，这种现象对于低收入者而言是不公平的。

当然增值税也存在着多重征税的问题。由于部分商品（如酒精、香烟、燃油等）及服务也会有本身的税项，再征收增值税就造成了多重征税。

经济启示录

经济学家们认为，增设增值税可以帮助政府增加财政收入，减少财政赤字，这也是世界上很多国家采用这一税种的重要原因之一。征收增值税有利也有弊，不过就目前我国的现状而言，增值税的利是大于弊的。此外，增值税的最终税负归宿仍然是消费者，因此如果从个人的角度来说，增值税并不受消费者欢迎。

第六章

货币金融与经济学：财富的泡沫有多美就有多脆弱

金融市场、金融机构与我们的经济生活息息相关，它们和货币的任何变动都会直接影响国家的经济政策。而对于个人来说，了解货币金融类经济知识，有助于我们更好地理财。你想跟比尔·盖茨一样成为财富的主人吗？那么，本章会让你追上现代金融的脚步！

货币及起源：为什么大家都想要更多的金钱

目前，世界上大多数国家通行的货币都是纸币。一张普通的纸不能代表货币，但是一张纸被做成纸币就成了社会财富的象征和代表。谁拥有的货币多，谁就能拥有更多的商品和服务，这也是为什么所有的人都想拥有货币的缘故。

究竟什么是货币呢？曼昆用这样一个案例说明了货币的意义：当说到世界首富比尔·盖茨拥有很多货币的时候，你知道意思是说他非常富足，想要什么就可以买什么。从这个角度来说，货币就是指财富。

你钱包中的现金被称为货币，是因为你能够用它在饭店吃饭或在商店买衣服。相反，倘若你也恰好和比尔·盖茨一样拥有某个公司的大部分股权，你也很富裕，只不过这些股权不是货币，你无法用这些股权吃饭或购物。经济学家通常认为，在物品和劳务交换中一般只接受少数几种财富代表，这些少数的财富代表就是货币。曼昆在《经济学原理》一书中这样定义货币：货币是指在经济活动中人们用来向他人购买物品和劳务的某种资产。

根据曼昆的阐释，我们知道并不是所有的财富都具有货币功能，如股票、基金、房子、车子等，这些物品虽然也是财富的代表，但是它们并不具有交换功能，要想购买商品或服务，首先要做的是将这些物品换成现金。那么什么是现金呢？就目前而言，人民币、美元、欧元、日元、英镑等都是现金。

目前世界上大多数国家通用的皆为纸币。纸币是如何成为主流货币的呢？这就要从货币的起源说起。

如果仔细研究我国的汉字，你就会发现这样一个有趣的现象：现代汉字中的“财”“赚”“赔”等与金钱有关的汉字几乎都是以“贝”作偏旁的。为什么会出现这种现象呢？这就涉及我国的货币起源。在我国古代，贝壳因为稀有，而被人们当成一般等价物来使用，也因此成为人类最早期的货币之一。以“贝”作偏旁，就是因为“贝”曾经是一种货币，代表着金钱和财富。

货币本来也是一种普通的商品，它是在人们之间的交换行为中慢慢演变成一般等价物的。货币是一种特殊的商品。货币出现之后，商品才分为两类，一类是特殊商品，即货币；另一类是一切普通商品。普通商品因为具有人们需要的各种使用价值而存在，货币则作为一种价值尺度而存在，普通商品唯有与货币比较之后，才能体现它们的价值。随着社会经济的发展，人们发现用纸来做货币也完全能够体现货币的功能，而且纸币轻巧便携，从此世界上很多国家都开始发行纸币。

几乎每个国家都有自己的货币，当今世界上总共有二百多种货币，诸如美元、英镑、法郎、人民币、泰铢、日元、加币等。目前美元是世界上的通用货币，而随着我国国力的提升，人民币在国际上的地位也进一步提升，在国际贸易结算中，以人民币结算的账户日渐增多。

此外，随着信用制度的不断发展和完善，移动支付也已经深入我们的生活。比如，现在很多人去逛街购物，都开始习惯不带现金和银行卡，移动支付已经成为一种潮流。

经济启示录

经济学家们指出了货币的实质，即可以用来直接购买商品和服务。因此，拥有的货币越多，也就意味着占有的商品和服务越多。

在现实生活中，我们每个人都需要货币，需要金钱，但是正所谓“君子爱财，取之有道”，我们应该通过正当的渠道、通过个人的奋斗来获得它。只有树立正确的金钱观，金钱才能真正为我们带来幸福。对于那些为了获得金钱不择手段，甚至伤害他人的人，不管是法律还是道德舆论都不会轻饶他们。

理财：比尔·盖茨的理财之道

网上疯传的理财笑话里有这样一个故事：

一个人下班后在公交站等车，因为下班高峰期坐车的人特别多，所以连续几辆车都没挤上去。他很生气，于是一路跟着公交车跑回了家。他跟正在厨房忙碌的妻子说："虽然累得够呛，但是我省了2元公交费，长此以往，咱们就能成为有钱人了。"妻子不以为然地看了他一眼，说："你还真笨！如果你跟着出租车跑，不是可以省更多的钱？"

这则笑话里的丈夫和妻子都没有把握理财的关键，一个人单靠省钱根本不可能成为富翁。能成为富翁的人，势必有一套"鸡生蛋，蛋再成鸡"，或是"滚雪球"一样的行之有效的理财方法。那么，富翁到底有哪些看家的理财之道呢？

比尔·盖茨的财富甚至比某些小国家的国民生产总值还多，一方面是因为他会赚钱，另一方面则是因为他善于理财。

比尔·盖茨拥有让全世界人们羡慕的巨额财富，跟他合理的理财规划有着不可分割的联系。在现实生活中，"会赚钱不一定就有钱，赚得少不一定没钱"就是这个道理。

有专业人士通过具体的数据统计指出，在100人之中，在他们漫长的一生里对自己的物质生活、财富积累感到满意的人大约只有1个；而有25%的人在退休后仍然需要继续工作；有 50% 的人不能完全自给自足，或多或少都需要别人或者社会的救济。从这个研究可以看出，能够对自己一生的财务做出妥善安排的人实在少之又少，换言之，很少人具有清晰而明确的理财意识。

人们常说“万事预则立”，其实，理财也是同样的道理。人生如果没有理财计划就会在财务、经济上陷入一团混乱之中。

美国的一位财富学专家询问了 400 位富翁致富的秘诀后，归纳总结了有效的致富计划必须注意的六个细节：

第一，必须确切地明白自己的财富梦想是要拥有多少钱，而不是抽象和笼统地希望赚“很多钱”，对于这个具体的数字，必须牢牢记在心上。

第二，你要怎样才能得到自己所希望获得的财富，你具体应该怎样去做才能实现梦想，这一点非常重要。

第三，给自己规定一个实现梦想的期限，尽量在期限之内去实现它。

第四，在计划订立之后，不要让计划停留在口头上，要付诸实践，否则就会成为“思想上的巨人，行动上的侏儒”。

第五，详细标明在某个时段要获得多少金钱，通过什么方式获得这些金钱，自己实践的结果如何。

第六，每天最少朗诵两次自己写的计划表，最好一次在早上刚起床的时候，一次在晚上工作完成后，这样可以增强自己追求财富的信心。

事实上，这六个细节并没有什么高深的学问，但是一定要有恒心和毅力，有技巧地去实践它。此外，理财专家们还总结出了管理财富的七条理财规则，我们也可以拿来借鉴：

第一，把支出记在纸上。预算专家的理财建议指出，每个月把自己支出的每一分钱都准确地记录下来，这样可以知道钱花在了什么地方，便于做出预算改进。

第二，做一个适合你的预算。做预算并不是说将生活中只要花钱才能获得的乐趣全部抛弃，而是给予我们物质安全，避免经济方面的忧虑。首先，你应该列两张表：一张列出所有开支项，另一张列出所有的收入项。两表对照之后，你就知道应该花多少钱，将钱花在哪些项目上面。其次，你还可以向咨询投资公司求助，让专家为你理财。

第三，学会聪明地花钱。用最少的钱办最多的事、用最少的钱买最好的东西才是聪明的花钱方式。有这样一个例子：有两位女士收入差不多，一位女士总是穿着入时，而且还能够有不少积蓄；而另一位女士，整天买衣服，钱没少花，每月入不敷出，但是衣服怎么穿都不合适。其实原因就在于，第一位女士会花钱，第二位女士不会花钱。在现实生活中，像合租房子、拼车、拼饭等方式都是一种聪明的花钱方式。

第四，不要轻易负债。生活中有不少人控制不住自己的消费欲望，而使收入与支出不成比例，借钱消费，或者刷信用卡提前消费，从而让自己背负了债务，当债务过多的时候，很容易被压垮，陷入无穷无尽的烦恼中，完全没有快乐可言。因此，除非必要，千万不要让自己背上债务。

第五，如果你要借钱，一定要想办法去银行贷款。生活中，很多人急需用钱而自己又没有的时候，会选择向亲戚、朋友借，但是这样的做法却很可能让你失去朋友。还有的人选择网贷、高利贷等途径，这种做法也同样会让自己陷入无穷无尽的麻烦之中。其实，这个时候的最佳选择是向银行贷款，这样可以把借钱的负面影响限定在最小的范围内。

第六，投资必要的保险。或许你已经发现，在现实生活中，一旦生病住院或遭遇意外事故，都会严重增加经济负担，甚至很有可能使自己陷入经济困境之中。但是如果投资一些医疗保险或者意外保险就能够减轻这种经济负担。

第七，教育孩子从小就要养成对金钱负责的态度，不乱花钱。抚养孩子方面的经济支出是很多家庭的一项主要支出，如果能够让孩子的支出合理化，那么会为家庭节约出一大笔钱。关于这方面，作家史蒂拉·威斯顿·图特教育孩子理财的方法值得借鉴。他在银行为女儿开了一个专门的存折，并将它交给了 9 岁的女儿，女儿可以把自己的零用钱存进去，当需要用的时候可以支取。在这个过程中女儿不仅从中学到了很多知识，而且也培养了理财的责任感。

说了这么多，无非是想告诉大家理财的重要性。理财就是对金钱做最合理地支配，学会了理财，将我们的收入放到最需要的地方，我们就能衣食无忧，轻松快乐了。

经济启示录

微软总裁比尔·盖茨之所以成为世界首富，主要是因为他懂得合理规划自己的财产。由此可见，是否懂得理财决定了一个人财富的多少。在现实生活中，虽然并不是每个人都必须以成为大富翁为目标，但是，维持自己最起码的经济独立却是做人最基本的标准。

对于收入一般的普通人来说，越是收入少越是需要理财；对于不善理财的人来说，寻求专业理财人员的帮助也是不错的选择。

储蓄：哈佛人为什么都很富有

那些超级富豪是怎么炼成的？他们的第一桶金是从哪里来的？如果我告诉你他们是“存”出来的你会相信吗？不信？那就来看看哈佛人为什么会那么富有吧！

大家都知道，哈佛教育出来的人，大都和贫穷不沾边。为什么他们会那么富有呢？难道就是因为他们是名校出身，所以收入丰厚吗？

哈佛大学的第一节经济学课教给学生这样一个概念：正确区分“投资”和“消费”。储蓄工资的30%是硬指标，剩下的才消费，必须完成储蓄后才能进行消费。储蓄是哈佛人每个月生活中最核心的目标，只要每个月都坚持完成或超额完成储蓄指标，钱就会越来越多，这就是哈佛大学最为著名的“哈佛理财教条”。

一个没有储蓄习惯的人，是不可能成为一个富人的。储蓄是财富增值的第一步。任何财富的积累都是从储蓄开始，一步一步走向辉煌的。

曾经听过这样一个意味深长的故事：

一个富人有一位穷亲戚，他十分同情这位穷亲戚，想帮他致富。于是，富人送了一头牛给穷亲戚，并告诉他说：“我送你一头牛，你好好开荒。等春天到了的时候，我再送你一些种子，这样到秋天的时候，你就能获得丰收，脱离贫穷了。”

一开始，穷亲戚也踌躇满志地开荒。可是几天过后，牛要吃草，人要吃饭，日子反而比以前更难过了。于是，穷亲戚把牛卖了，买了几只羊。他打算，先杀一只羊，解决温饱问题，剩下的羊养着生小羊，然后，小羊变大羊，羊再生羊……最后，可以赚更多的钱。

起初他实施得很好，然而，在他吃完一只羊以后，大羊还没有把小羊生下来。他又想反正也不是只剩下一只羊，于是他忍不住又吃了一只……直到只剩下一只羊的时候，他想这样下去不是办法，不如把羊卖了换成鸡。鸡生蛋，蛋变鸡的速度要快一点，而且鸡蛋也可以卖钱，日子应该会好转。

计划实施了几天后，他又忍不住开始杀鸡了，最后，终于杀光了所有的鸡。

等到春天，富人来给他送种子了，看到自己的穷亲戚正就着咸菜喝酒呢，牛早就没了，他依然一贫如洗，气得富人一甩衣袖走了，再也不管他了。

储蓄是理财的第一步，一定要坚决地执行。积蓄是财富的种子，如果我们把种子都吃掉了，那么致富也就成为不可能的事情了。因此，如果我们不甘贫穷的话，就一定要养成储蓄的习惯，收入是河流，财富是水库，支出就是流出去的水。要想水库里有水，就要关上闸门，让河水一点点地流进来。同样，我们的第一桶金只有靠“攒”才会有。

有一个人从穷人变成了一个非常富有的人，有很多人来向他请教致富的方法。而他却反问来求教的人说：“如果每天你能拥有 10 个鸡蛋，但你每天都只吃掉 9 个，把剩下的那个放进篮子里，最后会如何呢？”所有的人都回答：“篮子再大，早晚都得有装不下的一天。”富翁笑着说道：“致富的首要原则就是如果你有 10 个硬币，最多只能用掉 9 个，一定要留一个下来。”

这就是著名的九一法则。九一法则是理财的首要法则：至少把自己收入的 10%“攒”起来放在银行里。无论什么情况都不破例。即使你的收入只有一元钱，也要存起来一角。

只要我们坚持“攒”的习惯，我们就能为自己攒够第一桶金。

财富并不是平白无故出现的，即使拥有卓越理财投资能力的超级富豪们，在没有创业资本的前提下也不可能完成自己的辉煌事业，而作为创业资本的第一桶金往往是通过储蓄来实现的。大部分成功人士并没有丰厚的家底和背景，想要取得成功，就要通过自己的不懈努力。

亿万富翁“股神”巴菲特曾经说过，他从小就有储蓄的习惯。从 6 岁开始，每月存 30 美元。到 13 岁时，他用自己存得的第一桶金——3000 美元买了一只股票，迈出了追求财富的第一步。

因此，如果你不想穷一辈子，就一定要养成“先储蓄，后消费”的习惯。将每个月薪水的 15%—30% 先存起来，用于储蓄或投资，剩下的才能消费，并且严格规定自己只能用剩下的这部分钱消费。消费不能超支，储蓄不能动用，而且没有例外。

经济启示录

将工资中 30% 用于储蓄，剩下来的钱才能消费，这是哈佛大学著名的理财教条，也是哈佛人之所以富有的根本原因。由此可见，储蓄是理财的核心，无论是富翁还是平民，每个人都应该养成强制储蓄的好习惯。

股票：比尔·盖茨为什么减持微软股票

“股市有风险，入市须谨慎”，这句话已经是人们耳熟能详的投资用语了，无论是理财专家还是投资顾问，都会在你入市之前给予这样的提醒。即使在金融领域纵横几十年的专业操盘手都不知道下一秒哪只股票会涨、哪只股票会跌，作为散户的我们又怎么可以不小心谨慎呢？

从某种意义上来说，炒股有点类似于赌博。大部分人都对投资抱有侥幸心理和从众心理。但是世上没有只涨不跌的市场，也没有只赚不赔的股票，只赚不赔不过是个美丽的梦想而已。那些资本雄厚的世界富豪之所以一直非常富有，就因为他们不仅看到了股票的盈利性，也看到了股市的风险性。

比尔·盖茨很早就意识到股市的风险，他认为过分依赖一只股票是非常危险的，即便是微软的股票也一样。

比尔·盖茨的最大财富就是他持有的微软的股票。1986年微软刚上市的时候，盖茨个人股份占微软的44.8%。随着微软股价的不断上涨，盖茨的财富也不断上涨。虽然他对微软信心十足，但是为了降低自己财富的风险，他依然开始逐渐减持微软股票。最让股民震惊的是，他曾经在短短的三个月抛出了约500万股微软股票。

正是因为意识到了股票的风险性，才使得比尔·盖茨能够在金融危机之前让自己的资产多元化，从而将自己在金融危机中的损失降到了最低。

在股市流传着这样一个有趣的故事：

一个老石油开发商死后幸运地见到了圣彼得，圣彼得跟他说："很高兴你拥有了进入天堂的资格，不过还有个不幸的消息就是天堂里的石油开发商太多了，你可能没机会继续从事老本行了。"老石油开发商思索了一下说："我想跟天堂的人们说一句话可以吗？"圣彼得答应了。老石油开发商对着天堂大声喊："地狱发现石油啦！"没多久，只见天堂所有的石油开发商都奔向了地狱。圣彼得佩服地跟老石油开发商说："你真厉害！现在你可以去天堂开采石油了。"但是老石油开发商思考一下说："我想我还是跟他们一起去地狱比较稳妥，没准传言是真的。"

这个故事讽刺了投机者的盲从心理，只要一听到什么传言，立即跟进，完全不对现状进行理性分析。在美国次贷危机中被套牢的股民正是这种心理。在经历了金融危机后，股民们的危机意识终于开始苏醒了，他们的投资变得相对谨慎，这是付出巨大代价后才得来的教训。

当然，这并不是要打击人们投资的积极性，硬要让你放过眼前赚钱的机会，只不过是要你在入市前格外小心，不打无准备之仗。打定主意要进入股市一展身手之前，一定要做好如下准备：

第一，加强自身的金融知识素养。对于什么都不懂就敢贸然投身股市的人，我们只能用五个字来形容——无知者无畏。“无畏”固然是好事，但是要想赚钱恐怕只能凭运气。不过这样盲目行动的运气未必就好，一旦出师不利，也只能怪自己有勇无谋了。所以，在入市之前，一定要加强对金融市场的了解，对于投资知识、政策、法规都要有所了解才是，切忌盲目跟风，误了自己的“钱”程。

第二，选择证券公司开户。既然要炒股，那就需要先申请开通交易，这就需要通过证券公司去办理各种相关手续。现在的开户手续都比较简单，不需要花费多少时间来办理。但是在选择证券公司方面要做好决定，因为每个证券公司的交易收费和提供的服务是不同的，所以开户之前最好先做好了解，选择性价比高的证券公司开户。

第三，做好“最坏打算”的心理准备。这一点虽然放在最后说，但却是最重要的，如果抱着“只要赚钱，不能赔钱”的打算，那么你趁早还是别入市。要知道，股市不仅有“风险”，而且还很“危险”，稍不留神还会让人倾家荡产。所以，心理比较脆弱的人，还是好好地待在一边做观众吧。

倘若所有的准备你都做好了，而且下定决心大干一场，那就去吧，不过还是要提醒你：炒股一定要用“闲钱”。为了炒股，有的人拿出自己多年的积蓄，有的人动用养老钱，有的人借债贷款，有的人甚至把房子、车子、公司全都搭了进去。这当然是不可取的，相信每个人都很清楚。虽然多数人还不至于这样失去理智，但是并不代表就已经把自己的收入做好了合理的规划，要记住，你用来炒股的钱应该是你已经刨除了生活费用、教育基金、养老保险等的钱。

你要清楚，把钱拿出来炒股一定不能影响你的生活。也就是说，即使你将这些钱全部赔光了，你依然可以像以前一样和恋人一起看电影、跟朋友去听演唱会、跟同事去喝下午茶……要保证你的生活质量不会因为炒股的赔赚而受到任何不良影响。

炒股所用的资金，必须是不受盈亏影响、没有使用时间限制、完全属于你个人、可以独立支配的自有资金。换句话说，这些“自有资金”是除去生产、生活、教育、养老等必须支出后剩余的那些既没有投资期限约束，又没有具体盈利要求，更没有各种负担压力，赚了最好、赔了也没关系的钱。用这些闲钱炒股，你才不会有压力，在没有压力的情况下，你才能够保持清醒的头脑，不会为了任何微小的波动而神经紧张、寝食难安，这对你的健康也是有好处的。

除此之外，即使拿这些闲钱去炒股，也不能孤注一掷，把它全部压在一个地方，只有多元化的投资组合才能保证即使在经济不景气的市场氛围下，依然有赚钱的可能。

总之，没有天上掉馅饼的事，想要靠金融投资赚钱，就要充分认识到自己的能力和潜力。股市的风险在于即使在市场表现最好的状况下依然有赔钱的可能，只有把所有的状况都考虑在内，而且保证自己全部都能“消化”，才能免去后顾之忧，玩转这场“金钱游戏”。

经济启示录

比尔·盖茨之所以减持自己公司的股票，正是因为他了解股市的风险。事实证明，他的做法是明智的，倘若金融危机发生时，他仍然持有微软将近一半的股票，那么他的损失可想而知。

由此可见，我们在入市之前一定要做好充分的准备，只有在保证自己的生活质量不会受股票盈亏影响的情况下，才能进入股市。入市之后，要谨慎选择股票，唯有选择品质优良的股票，才能为你带来理想的收益。

基金：低风险的投资方式

基金是什么呢？

“基金”是一种重要的投资理财形式，并不是具体的商品。经济领域所谓的“基金”，是指由基金管理公司通过发行基金单位，集中投资者的资金，由基金托管人托管，由基金管理人管理和运用资金，从事股票、债券等金融工具投资，然后共担投资风险、分享收益的一种间接证券投资方式。

一般而言，基金较炒股的风险要小很多，又比在银行储蓄的利润要大，所以近年来比较受大众欢迎。

基金的投资方式一般分为两种，一种是单笔投资，另一种是定期定额投资。没有什么投资经验、资金又不太多的人，可以选择第二种投资方式，也就是一般所说的“基金定投”。基金定投是指在一个固定的时间以固定的金额投资到指定的开放式基金中，如在每月6日将600元定期投入某项基金，有点类似于银行的零存整取。

当然，现在的投资方式不用你每个月都跑去银行投资，只要你购买好某项基金，约定好时间、扣款金额，就会每个月自动从你的账户扣款投资。基金定投具有三大优点：

第一，投入定期化聚集了小钱。因为每个人每隔一段时间可能手里就会有一些闲钱，与其在不知不觉中消费掉，不如拿来投资，每个月虽然投入不多，但是时间一长就会积累起一笔不小的财富。

第二，扣款自动化简化了操作。基金定投的办理手续非常简单，只需要到基金代销机构办理一次性的手续，以后每期的投资金额就会自动从你的银行账户中扣除。

第三，投资平均化分散了风险。因为资金是按每期进行投入，这样投资的成本就会比较平均，有效地分散了一次性投入所带来的较大风险。

了解了基金定投的优点之后，现在就让我们来看看它适合的人群：

第一，大手大脚的“月光族”。每月工资不知去向的月光一族，如果想要做投资也不是不可能，那就不妨尝试一下这种强制性的投资方式吧。不妨将扣款日期定在你发工资后的第二天或离得相对较近的日子，到时自动扣除，想花这笔钱也不可能了。

第二，按月领固定工资的“工薪族”。每个月都有固定的收入，这样就能保证每个月资金的投入。虽然薪水有限，除去各种费用可能剩余不多，但是又想投资，那就不妨选择小额的定投方式。

第三，对投资一知半解的金融“菜鸟”们。对于财经知识了解得不是很透彻，对投资更是没有任何把握，但是看到别人投资赚了钱又心痒难耐的投资菜鸟们可以尝试这种方式。一方面，它的投入相对较少；另一方面，有较为专业的人士替你打理，你就不用每天都辛苦地盯着股市的大盘，被红红绿绿的数字变化搅得心神不宁了。

第四，心理承受力不够的人。心灵比较脆弱，承担不起太大的风险，可是又想证明自己理财实力的人，不妨尝试一下这种投资方式。虽然它的收益不能跟炒股和单笔投资相比，但是风险却会因为投资成本加权平均，从而降低整体投资成本，使价格波动的风险大大降低。

第五，不会“三天打鱼两天晒网”的长期投资者。因为是定期定额投资，所以肯定是一种长期行为。而资金定投也具备稳步获利的优点，它的相对平稳性势必需要一个长期的环境才能体现出来。所以它需要有足够的耐心、恒心和信心，也只有有耐心、准备长期投入的人才能赚得更多。如果想通过短线投资一夜暴富，那这种方式一定不适合你。

第六，为以后某个时间的资金需求做准备的人。如果你已经计划好在未来某个时间点有一项特定的资金需求，你可以通过从现在开始购买定期定额的基金来聚集财富。比如，你三年后想出国深造，五年后想买房子，三十年后要有养老钱……除了定期存银行和买保险之外，你还可以尝试这种理财方式。它的风险较小，而且收益比存钱高，同时可以帮你有效地实现积少成多的愿望。到了需要的时候再拿来用，你会发现自己的小积累已经变成了大财富。

经济启示录

对于个人来说，基金是一种风险小、收益大的投资形式。至于如何选择适合自己的基金作为定投对象，要具体问题具体分析。在购买某项基金之前，一定要事先做好咨询，进行分析对比，选择更加适合自己的，才能获得长远的利益，让自己的财富聚沙成塔。

泡沫经济：郁金香为什么如此“疯狂”

玩过肥皂泡的人很难不被它的七彩绚烂吸引，然而这样美丽光鲜的肥皂泡却极容易破灭。在经济领域，有一种与肥皂泡非常类似的经济现象——泡沫经济，它是指一种或者一系列资产在经历一个连续的涨价过程后，其市场价格远远高于实际价值的经济现象。它往往是由虚假的高额赢利的预期投机带动起来的，而非实际经济增长的结果。

泡沫经济的产生和形成给国民经济造成了总量虚假增长的表象，从而导致经济结构扭曲。在其形成过程中，最初的价格上升会使众人认为该资产还会继续涨价，因此，会有越来越多的买主前来购买，而这些接踵而至的买主一般只是希望从以后的价格上涨中谋取利润，对这些资产本身的状况和盈利能力并不在意。比如美国“次贷危机”发生之前，很多美国人都认为房价还会继续上涨，因此越来越多的人将钱投到了房地产上。这种行为的不断增加最终使得社会资产所表现的账面价值远远高于其实际价值，于是，泡沫经济就形成了。

泡沫经济通常是通过股票市场和房地产市场反映出来，它的形成必然会对经济发展产生极大的危害。需要指出的是，泡沫经济不可能永久持续，它迟早都会迎来破灭的一天。而它一旦破灭，势必会导致在泡沫形成过程中发生的债权债务关系混乱，难以清理，从而导致信用危机的产生，进而危害到国民经济的运行。

谈到泡沫经济，很容易让人想起 17 世纪中期西欧出现的那场充满戏剧性的“郁金香事件”，这是泡沫经济第一次在人类历史舞台粉墨登场。

当时，郁金香从土耳其传入了西欧，善于花种开发的荷兰人很快就栽培出了更加美丽的变种郁金香。几乎是在一夜之间，这种稀有而美丽的郁金香球茎成了炙手可热的商品，价格也是一涨再涨。看到这种情况，在利益的驱使下，许多人开始参与进来，将这些花朵无比美丽的植物作为自己投机的对象。当然，也的确有许多人因此而一夜暴富。渐渐地，现货交易已经不能满足人们的需要，于是开始出现了期货交易。那些投机者一边做着成为百万富翁的美梦，一边等待着，甚至有许多人为了虚幻的美梦而借了高利贷，打算放手一搏。然而，这种市场价格严重背离其实际价值的现象是不正常的。1637 年 2 月 4 日，泡沫经济的可怕终于体现出来，郁金香一夜之间由天使变成了魔鬼。

这一天，那些等着将郁金香出手以获得暴利的人们震惊地发现，郁金香的价格竟然下降了那么多，甚至比他们的购买的成本还要低很多。整个郁金香市场几乎在转眼之间就迅速崩溃了，那些欠着高额债务的人因手中积压的郁金香变得一文不值而无法还清欠款。一时之间，许多人因绝望而自杀，社会陷入动荡不安中，荷兰也陷入了经济危机之中。

“郁金香事件”之后，人类历史上的泡沫经济事件便接二连三地发生，规模最大的“泡沫”要数开始于20世纪80年代日本的那次经济危机了。

20世纪80年代，日本这个巨大的经济体曾经一度呈现出繁荣的盛况。东京的出租车司机一年收入可以达到1000万日元，在街头，常常有人甩出大把钞票。而当时的大学生们，往往还没有毕业、未正式投入公司的工作中，就已经开始享受公司所提供的种种福利待遇，如去风光旖旎的夏威夷度假等，而公司之所以这样做完全是为了留住人才。

同时，楼市和股市也呈现出前所未有的繁荣，全球最繁华的商业街之一的东京银座，在1989年泡沫经济的最高峰时，其地产曾达到了1.2亿日元/坪（约3.3平方米）的天价。其实从1985年起，房地产市场的泡沫就已经初见端倪了，东京、大阪、名古屋、京都、横滨和神户六大城市每年的房价都以两位数以上百分比的速度上升。到1990年的时候，地价已经上涨到1983年的2.5倍之多。

而在股市上，因为有超过100%的投资回报率，以务实著称的日本人也开始对投机乐此不疲，几乎超过半数的国民购买了股票。除了房地产，人们纷纷将积蓄投入股市中，而日本股市的市盈率也的确可观，曾高达80倍，而当时即使在美国、英国这样的国家，市盈率也仅为25—30倍。

在“楼市不倒”和“股市不倒”的神话里，当日本举国沉浸在这种欢腾中的时候，1990年，股市交易第一天开始，股价便以令人瞠目结舌的速度下降，日本股市进入了为期十多年的熊市中。同年9月，有关土地问题的特别节目连续在日本NHK电视台播出，主张进行土地税制改革、下调地价，限制房地产恶性炒作。以此为转折点，日本的地产业进入了第二次世界大战以后的跌落期。到20世纪90年代中期，房产已经贬值80%，花5亿日元购买的一套房子跌落到1亿日元，即使如此，大批的土地和房屋还是卖不出去。到2005年的时候，日本全国的平均地价已经连续下跌14年。

日本泡沫经济的破灭使得股价、地价大幅下跌，长期处于低迷之中，欠息欠账等不良债务大幅增加，企业风险投资的热情大减。同时，给人民生活带来了严重的负面影响。政局动荡、犯罪率上升、自杀率大幅提高，东京地铁的JR中央线一度成为破产者自杀的集中地，为此，地铁站不得不安装屏蔽门加以防范。

由于泡沫经济会带来巨大危害，世界各国，包括经济正在腾飞的中国，都在研究它，探究它的深层机制，希望能够预防或者降低它造成的不利影响。泡沫经济已经引起了人们的普遍关注，至于如何才能有效地抑制它，仍然需要人们的进一步努力。

经济启示录

对于个人来说，正确分析泡沫经济，有助于及时发现表面经济繁荣下的危机，进而避免盲目跟风投资，避免成为泡沫经济的牺牲品。

次贷危机：美国老太太为什么自杀

几年前，一场世界性的次贷危机悄然而至，霎时，经济下滑、物价上涨、股市暴跌……一时间，几乎所有的人都受到了这场金融危机的波及。那么，到底什么是次贷危机呢？次贷危机是次级房贷危机的简称，它起源于美国，由于次级抵押贷款机构破产从而导致投资基金被迫关闭，股市震荡异常，进而使得全球金融市场流动性缺乏，造成世界范围内金融市场的窘境。

次贷危机很快就被哈佛大学商学院收入经典案例之中，以供广大经济学教授、学者和学生共同研究和讨论。其中以理查德 · 库珀教授的分析最为中肯。

理查德 · 库珀，美国著名国际经济问题专家，哈佛大学经济学教授，曾任美国副国务卿。

库珀认为次贷危机的发生具有一定的偶然性，他认为金融创新、长期实行低利率的货币政策以及银行放贷条件降低和滥用是导致次贷危机发生的主要原因。从长远发展来说，这三个方面未必见得是坏事，但是它们同时发生就是坏事了。他反对金融机构的混业经营，他认为这种模式加剧了业务矛盾，破坏了市场信任度，这也是导致危机的一个原因。

此外，他肯定了美联储在这次危机中的表现，他说："政府应该救市。"他认为让资本市场保持正常有效运转要比避免逆向选择重要得多。当然，他同时认为政府救市是不得不救，而且这也不一定是赔本的买卖。

次贷危机发生之前，美国的提前消费理念一度被很多人追捧，尤其贷款买房的制度，曾经使很多人深受启发。有人写过这样一个有趣的故事：

一个A国老太太与一个美国老太太，A国老太太辛辛苦苦工作了一辈子，到死前才攒够了买房子的钱，只住了几天新房；而美国老太太则通过贷款买房，年轻的时候就住上了新房，到死之前才还完贷款，住了一辈子大房子。

然而次贷危机后，美国老太太的故事出现了新的剧情：

2008年10月5日，美联社报道了这样一条新闻，俄亥俄州的一个名叫艾迪波尔克的90岁老太太，年轻的时候贷款买了房子，她在那所房子里住了38年，然而晚年因为还不起房贷，面临被赶出房子的困境，绝望之下她饮弹自杀……

实际上，自2006年起，危机就发生了。美国楼市开始出现下滑，房价下跌，次级贷款市场首先出现问题。购房者难以出售房子，也无法通过抵押来获得融资。而由于购房者无力偿还贷款，于是银行要将房子再次出售，此时却发现得到的资金根本不足以弥补之前的贷款和利息，甚至连弥补贷款额本身都不够。于是银行便在这项贷款上出现亏损，而这种现象又不只是出现在一两个贷款者身上。适逢美国经济进入滞胀期，许多家庭无法偿还贷款，因此银行收回他们的房产进行拍卖，但是由于房产价格的下跌，贷款银行无法从房产拍卖中收回贷出的款项，从而导致了巨额亏损，而其后购买他们次贷债券的投资银行也无一幸免地出现严重亏损。就这样，这个由金融机构构成的多米诺骨牌牵一发而动全身，花旗银行、美林、瑞银、摩根士丹利等著名投资银行先后出现严重亏损，这场由次贷市场问题而引发的金融危机迅速席卷全球。

经济启示录

著名经济学家库珀认为，银行贷款条件降低的滥用是次贷危机的诱因，加上金融创新以及美联储的长期低利率货币政策，才导致了次贷危机。次贷危机的影响波及全球，给包括美国在内的世界主要经济国家的人们都造成了严重的影响，如很多美国人因为还不起贷款而被迫离开自己的房子，世界各地的很多投资者的经济利益都受到了不同程度的损失。

第七章

日常生活与经济学：生活是检验经济的尺子

经济学并不像大家想象的那么遥不可及，懂得经济学知识可以帮助人们更好地掌握自己的生活，而检验经济最好的尺子也正是生活实践。了解基尼系数、恩格尔系数、个人收入、生活成本指数、房价收入比、CPI 以及幸福指数等经济学概念，可以让我们更加客观理性地理解我们的经济生活现状，让我们更加乐观积极地面对生活，幸福快乐过一生。

基尼系数：贫富差距的重要指标

基尼系数最早是由意大利经济学家基尼于 1912 年提出的，该系数定量测定收入分配差异程度，是国际上用来综合评定居民收入分配差异的重要分析指标。收入分配越平均，基尼系数越小，反之，收入分配越不平均，基尼系数就越大。国际上通常把 0.4 作为贫富差距警戒线，一旦基尼系数大于警戒线的数值，就很容易出现社会的动荡。

基尼系数的经济意义是：在居民全部收入中，进行不平均分配的收入占总收入的百分比。基尼系数最大值为“1”，表示居民之间的收入分配绝对不平均，即 100% 的收入被一个单位的人全部占有了；基尼系数最小值为“0”，表示居民之间收入分配绝对平均，毫无差异。但这两种情况只是理论上的情况，在实际中通常不会出现。因此，基尼系数的实际数值是介于 0 和 1 之间。

绝对平均的社会是不正常的，因为在现有的市场经济社会中，竞争普遍存在，“优胜劣汰，物竞天择”这个经济规律是不可抗拒的，竞争势必造成贫富差距。比如，马克 · 扎克伯格 24 岁就拥有了 15 亿美元的身家，成为全世界最年轻的自主创业亿万富翁，而很多与他同龄的美国人可能才刚刚大学毕业开始工作，一无所有，这就是巨大的贫富差距。市场是现实而残酷的，同时也是自由竞争的。那些一无所有的美国大学生通过自己的努力，很可能将来某一天也会成为富豪，甚至超过扎克伯格。这种贫穷和富有的差距致使市场形成了一种无穷的动力，不断促使贫穷者向富裕的方向靠拢，小富者向着大富者拼搏，大富者向着巨富者奋斗，生生不息，永无止境。

但是对于一个社会而言，贫富差距也不宜过大，过大就失去了安全保证。巨大的贫富差距很容易让人们产生不满情绪，引起社会的动荡。

按照联合国有关组织规定：基尼系数若低于0.2，则收入绝对平均；若介于0.2和0.3之间，则收入比较平均；若介于0.3和0.4之间，则收入相对合理；若介于0.4和0.5之间，则收入差距较大；若高于0.6，则收入差距悬殊。

近年来，随着我国经济的高速发展，贫富差距也逐渐拉大，而基尼系数也因此成为大众关注的一个重要指标。但是我国的情况并不适用基尼系数的理论，发达社会的经验数据不加分析地运用于一个发展中国家，只会成为谬论。

基尼系数的评价指标体系在公正性方面存在着局限性，基尼系数的提出基于市场经济发育比较充分、地区差异比较小、人口比较少、基本消除城乡二元结构的西方社会。由于我国人口众多，地域辽阔，经济呈现典型的城乡二元结构的特点，各地区的生活费用指数和基本物价水准也呈现出较大差异，因此，盲目“炒作”基尼系数而不深刻认识我国发展的阶段性特征，只会造成错误的认识。

此外，国际上有些国家，虽然基尼系数超过了 0.4 的警戒线，却没有发生动乱。但是发生动乱的国家，其原因却各种各样，有宗教的、有民族的、有政治的、有国际的，当然也有经济的原因，但其中很大一部分并非由于收入差距扩大而直接引起。

简言之，基尼系数是衡量收入分配差距的指标，反映收入分配的公平程度，要科学认识、科学运用。

经济启示录

著名经济学家邹恒甫认为，中国贫富差距的扩大是基于大多数民众的收入都有了大幅提高的基础之上的，因此中国的情况并不能用基尼系数的理论武断论断。由此可见，基尼系数适用于西方发达国家，但是并不完全适用于发展中国家。这一点提示我们，基尼系数的运用应注意社会条件、发展水平差异等因素，而不能生搬硬套。

不过，总的来说，基尼系数在一定程度上可以反映居民收入分配的公平程度。

恩格尔系数：问候语为什么会发生变迁

“你吃了吗？”这是以前人们见面时最常用的问候语，就和现在“你好”是差不多的用法。然而这句话在外国人看来非常特别。有这样一个有趣的故事：

大概在 20 世纪 80 年代初期，北京某国企聘请了两个美国工程师，有一天这两位工程师刚从卫生间出来，正好碰上企业老总也上卫生间，老总非常自然地问候了一句：“你吃了吗？”结果这两位工程师非常尴尬，他们心想刚从卫生间出来就问这种话也太没礼貌了！然而老总也感觉非常委屈，自己明明是礼貌地打招呼，结果对方却不回答自己。

“你吃了吗？”这句问候语曾经在中国的历史上存在了几百年，由此可见“吃”在当时人们的生活中所占的地位。随着社会的不断发展进步，过去的口头问候语已离我们远去，这也说明“吃”对大多数人来说已经不是最重要的事情了。因为为吃不饱肚子而发愁的人已经少之又少了，更多的钱被人们用在教育、旅游、娱乐、健身等事情上。那么，为什么问候语会发生变迁呢？

这主要是因为食物开支在人们的总开支中所占的比例越来小了，人们的生活质量越来越高了。那么，怎样衡量人们的生活水平呢？这就涉及经济学上的又一概念——恩格尔系数。

保罗·萨缪尔森，美国著名经济学家，1947年成为约翰·贝茨·克拉克奖的第一位得奖者，1970年获得诺贝尔经济学奖，成为首位获得诺贝尔经济学奖的美国人。

萨缪尔森在描述家庭预算开支这个问题的时候，提到了恩格尔系数的概念。他说："随着家庭总收入的增加，用于购买食物的开支在总开支中的比重会下降。"此外，萨缪尔森对于恩格尔系数也有另一种见解，他指出："食物支出在收入中占据的比重会随着收入的上升而下降。"

换言之，萨缪尔森认为恩格尔系数有以下两种表示方法，即消费"总支出中用于购买食物的开支"以及"食物支出在收入中占据的比重"。因此，按照萨缪尔森对于恩格尔系数的看法，恩格尔系数可以表示为食物开支在家庭消费总开支中所占据的比重，也可以表示为食物开支在家庭总收入中占据的比重。这就是萨氏恩格尔系数。

恩格尔系数最早是由德国经济学家和统计学家恩格尔提出的，主要用来衡量居民生活水平的高低。这个计算方法表明随着居民收入的增加，耗费在食品上的支出会减少，二者呈一个反比例关系，系数数值越小，食品上的支出越少，生活水平则越高。而萨缪尔森提出的萨氏恩格尔系数正是对恩格尔系数的完善和发展。基于恩格尔系数的特点，联合国粮农组织提出这样的标准：恩格尔系数超过59%为贫困，

50%—59% 为温饱，40%—50% 为小康，30%—40% 为富裕，低于 30% 为最富裕。

所谓“民以食为天”，“吃”是人类生存的首要条件，但是当这一层次的需求获得满足后，消费方向就会转向。因此，食品支出所占的消费比例从某一个方面反映了生活水平的高低。

但是，恩格尔系数这个衡量指标并非万能的，它也有失灵的时候。例如，在贫穷地区，“勒紧腰带过日子”是人们长期以来形成的习惯，这种习惯也会降低恩格尔系数，但此时人们的生活水平并未提高。大家都知道，家庭总支出规模基本不变的大前提下，由于学费、医药费、水电费、燃气费等刚性费用的急剧增加，对于一个收入恒定的家庭来说，一个现实的选择就出现了——那就是压缩食品支出。这种情况在落后地区尤其普遍，“省吃俭用”成为老百姓的通常选择，而这种选择完全是为了应付急速增长的学费、医药费和房费等刚性开支。

另外，恩格尔系数也受到不同地区消费习惯的影响，“吃在广东，穿在上海”便是对这两地消费习惯的高度概括。恩格尔系数在广东较高，但是这与当地的消费习惯有关系，而恩格尔系数恰恰忽略了这样的差异。

因此，在我国应用恩格尔系数时就要考虑到这样的不可比因素，如居民生活习惯的差异，消费品价格比价不同以及社会经济制度所产生的特殊因素。对于这些应考虑的不可比因素，恩格尔系数在分析和比较时应作相应的剔除。

经济启示录

萨缪尔森教授提出的萨氏恩格尔系数是对恩格尔系数的补充和延伸，它们都强调了“食物的支出所占的百分比会随着收入的增加而减少”这一点。

在现实生活中，恩格尔系数是世界各国衡量居民生活水平的主要指标，恩格尔系数越低，居民生活水平越高，反之亦然。不过因为某些不可抗拒因素，诸如消费习惯等，恩格尔系数也有失灵的时候。

个人收入：比尔·盖茨为什么收入这么高

提起比尔·盖茨，我们立刻会想到“世界首富”“微软”等关键词。在美国有这样一则笑话流传很广：有一天盖茨去天堂旅行，在天堂的穹顶中央发现了一张特别大的照片，而且照片上的人不是别人，正是自己！盖茨问天使：“谁把我的照片挂在这里了？”天使看了一下，笑着说：“喔，那是上帝给自己画的自画像，他喜欢把自己画成比尔·盖茨。”言外之意，就连上帝都羡慕比尔·盖茨的财富！

然而你是否想过为什么比尔·盖茨会成为世界上数一数二的富豪？为什么他的收入会那么高？要想找到这个问题的答案，首先需要了解经济学上的一个概念——个人收入。

比尔·盖茨，1975 年与好友艾伦·保罗共同创建了微软公司，曾任微软 CEO，2008 年 6 月 27 日正式退出微软公司。自 1995 年至 2007 年的《福布斯》全球亿万富翁排行榜中，比尔·盖茨连续 13 年蝉联榜首，以至于人们提起比尔·盖茨就会立刻想到“世界首富”这个词语。

2019 年 3 月 5 日，《福布斯》杂志公布了第 33 期全球亿万富豪排行榜，比尔·盖茨以 965 亿美元的个人财富排名第二。

近年来，个人收入的多少已经被看成一种身份的象征了，于是全世界各个国家都出现了五花八门的富豪排行榜、收入排行榜等，世界知名的《福布斯》杂志因在编制排行榜方面历史悠久、规模浩大而被世界所关注。不过无论是什么排行榜，无论是排行榜的榜首还是榜末，能进入排行榜的人们，每个人的个人收入都相当可观。盖茨等人之所以获得巨额的个人收入，跟他们个人先天的聪慧天赋、后天的努力、认真勤奋的工作、得到好的机遇或贵人相助等都是分不开的。

那么，什么是个人收入呢？个人收入是经济学上一个重要的经济指标，是指个人通过各种方法或途径所取得的收入的总和。个人收入一方面可以反映个人的实际购买能力，另一方面也可以预示消费者将来对于商品或服务等需求的变化。个人收入指标能够预测个人的实际消费能力，是对将来消费者的消费变化以及评估社会经济状况好坏程度的重要指标。

通常来说，个人收入提高是一件好事，这意味着社会经济景气；而个人收入下降则代表社会经济发展趋缓，甚至衰退，使货币汇率走低。不过如果个人收入增长过快，央行就会担心发生通货膨胀，进而选择加息的货币政策，因为加息能够使货币汇率走高。不过对于像比尔·盖茨和巴菲特这种世界富豪来说，他们个人收入的高低并不能反映社会经济的实际情况，真正反映社会民生的还是普通民众的个人收入。

对于普通大众来说，每个人的个人收入主要分为两个部分：一是工资收入，二是工资外收入。所谓的工资收入就是指企业在某个时期内直接支付给所有员工的报酬总额，包括奖金、津贴、加班费、计时工资、计件工资等。而工资外收入就是员工在工资总额之外获得的现金或是实物，可以是在企业内也可以是在企业外获得，包括转移性收入、财产性收入以及保险性福利费用等。

个人收入指标反映了居民实际收入的具体情况。随着我国市场经济的快速发展，居民的个人收入水平也得到了大幅度的提高。在个人收入中，“个人可支配收入”要比实际全部个人收入更有意义和价值，因为“个人可支配收入”是指个人能够用于消费支出或是储蓄的货币总额。那么，什么是个人可支配收入呢？个人收入扣除个人所得税以及其他需要向政府缴纳的非商业性费用之后，剩下的余额即“个人可支配收入”。

2019年1月21日，国家统计局发布了2018年全年居民收入数据。统计局提供的数据显示，2018年城镇居民家庭人均总收入为28228元，比2017年增长8.7%。这其中包括：城镇居民人均可支配收入为39251元，比2017年增长7.8%，去掉价格因素，实际比2017年增长5.6%；农村居民人均可支配收入14617元，比2017年增长8.8%，去掉价格因素，实际比2017年增长6.6%。

近年来，我国居民个人收入不断上升，这是值得肯定的。政府应该继续重视居民的个人收入，使居民个人收入和国家GDP实现同步增长。

经济启示录

比尔·盖茨的巨额个人收入，一方面反映了他的社会地位和财富，另一方面也反映了社会贫富差距的巨大。

消费者物价指数：1 美元还能买多少东西

经济危机下 1 美元能够买到什么呢？2009 年的调查结果显示，1 美元可以在超市买到一把剪子，或是一包饼干，或是一碗速食面，或是一袋葵花籽。而在经济危机前，1 美元可以买到一盒鸡蛋（12 个），减价的时候甚至可以买到两盒！为什么同样的 1 美元在不同的时间买到的东西会大不相同呢？

实际上这个问题的答案可以归结为一句话——1 美元的价值缩水了。为什么会出现这种现象呢？我们要如何应对这种财富的缩水呢？要想找到问题的答案，首先要了解消费者物价指数，即 CPI。

CPI 全称是 Consumer Price Index，是经济学上一个重要概念，它的中文意思是：消费者物价指数。CPI 是根据居民生活相关商品及人们的劳动力价格统计出来的一个指标，其作用是针对通货膨胀水平的一个定量的体现。

简单地说，现在与我们衣食住行相关的一些物品，很多价格都在涨，那到底涨了多少呢？这就需要有一个统一的标尺来衡量，这个标尺就是 CPI。

CPI 作为一个固定的价格指数，它反映的不是商品质量的改进或者下降，甚至对于新产品也不加考虑，它所考量的仅仅是和居民生活相关的一些商品及劳务价格。

当 CPI 的升幅过大时，则表明居民生活成本相对变高，如果你的收入没有增加，那么相对于社会环境来说，你的收入实际上就降低了。

这里举一个简单的例子：去年你的 100 元没有花掉，而今年的 CPI 上升了 6%，那么你现在的这 100 元只能买到等同于去年 94 元的商品及劳务服务。因此 CPI 的上涨，实际上就是物价上升，是不受民众欢迎的。如果 CPI 升幅过大，就是通货膨胀，这会造成国民经济的不稳定。2007 年金融危机之后，著名经济学家费尔德斯坦曾表示，CPI 的过快上涨已经严重影响了美国民众的生活水平，对发展中国家尤甚。

你知道CPI是怎么上涨的吗？网上流传着这样一个笑话：

某个城市里生活着 A、B、C 三个人，A 有 6 套房子，不工作，每个月收房租过得衣食无忧；B 有一套房子，每月上班领工资；C 没房子，租房住，靠卖菜为生。忽然有一天要收房产税了，C 说："我大力支持，等房价下跌了，我就买得起房子了。"B 说："无所谓，爱收就收，等房价下跌了，我就再买一套房子。"A 说："房产税收 1%啊，我交，从下个月起房租涨 5%。"房租上涨了，C 很心烦，为了生存他决定菜价涨 10%。A 和 B 去菜场买菜，发现菜价大幅度上涨，只好买些破烂菜凑合吃。就这样，三个人的生活水平都下降了，CPI 上升了。

这则笑话或许不能说明 CPI 上涨的原因，但是说明了一点，CPI 上涨对所有人来说都不是一件好事，因为这意味着会影响生活质量。

随着 CPI 连续不断地升高，人们日常生活的方方面面越来越多地被其牵动着，人民币升值，粮价上涨，肉价上涨，油价上涨，房价上涨，所有的一切都在上涨！人们非常明显地感到自己拥有的财富在缩水。

事实也是如此，你个人可以不喜欢运动，但是你的财富却是一直在赛跑，这是一场“马拉松”，是一场长达几十年的长跑，不管你愿不愿意参加，这场比赛悄无声息地在你身边上演，而你的对手就是 CPI。

那么，普通大众应该怎样做才能在和 CPI 的赛跑中获胜呢？理财是一个不错的选择。一般来说，人的一生可划分为 4 个时期，在不同的时期需要采用不同的应对策略。

一是单身期。这一时期指的是刚工作还未组建家庭的年轻时期。

处在这个阶段的人薪金是其主要收入，且数额也比较小，不少人还会入不敷出，但也不能因此就拒绝理财。即使你每月投入 100 元，如基金定投。虽然净资产值相对较小，但若能坚持长期投资，盈利能力还是相当可观的。

二是养育期。这时期指的主要是从结婚生孩子到小孩成年的一段时期。这一时期的人一般收入丰厚且稳定，但是因为偿还贷款、养育小孩、赡养老人等原因，经济负担也很重，可以投资的钱并不充裕。

处于这一阶段的人除了延续单身时期的基金定投，增加家庭保险的保障也是必不可少的，这时候按照个人对于风险承受的不同能力，应该尝试不同投资比例的债券型基金。

在选择银行理财产品方面也可以尝试本金安全、收益浮动的产品。另外，可根据每个家庭的实际情况，适当选择尝试股票、黄金或者外汇买卖等理财方式。

三是稳定期。这一阶段是指从孩子成年后再到自己退休前的一段时间。这一阶段的家庭成员是由收入较为稳定的中年夫妻和成年子女构成，家庭成员的收入同时达到巅峰期，且生活支出所占比例逐渐开始降低，这个时期是家庭理财的黄金期。此时的基金、新股产品及银行理财产品都是很不错的选择。当然，最基本的是还要买足终身寿险和年金保险，定期投资黄金和住宅之外的不动产是不变的主题。其中贯穿一生的基金定投也是不可或缺的。

四是退休期。这一时期的家庭成员多为老人，其收入减少，且因为健康等原因造成必要潜在支出增加。其生活收入全部依靠社会保障收入（退休金收入）及理财收入。

在理财时，我们应侧重于保值，应选择低风险的投资，用少量的资金进行基本风险可控的投资，从而避免通货膨胀对自身资产造成的损害。在中年时期已买的各类保险正是当前老年人多病多意外的保障，且坚持了几十年的基金定投，这个时候就转为“基金定赎”，与退休工资一起构成养老的现金，从而维持生活。

总之，如果能针对不同的时期配置相应的投资，且长期坚持，就一定能跑赢 CPI，这是一个需要长期坚持的过程。只有持之以恒才能获得不错的收益，给自己的生活质量以足够的保障。

经济启示录

消费者物价指数（CPI）上升过快，不仅会影响人们的生活水平，还可能造成社会动荡。由此可见，CPI 上涨过快对于普通民众和政府来说都不是一件好事。面对当前 CPI 不断上涨的趋势，普通大众应该根据自己的实际情况合理理财，尽量降低通胀带来的损失。

幸福指数：为什么富人没有穷人幸福

有这样一个发人深省的故事：

鲍勃·哈勒尔曾是一家建材市场的普通装卸工人，生活虽然贫寒但是很幸福。50 岁那年，他意外地中了彩票头奖，总额将近 4000 万美元。

从此，鲍勃再也无须为生计奔波，他购置了多处房产和几辆汽车。在别人看来，鲍勃的生活应该是多姿多彩的，然而，令人意想不到的是，两年后，鲍勃把自己关在他豪华住所的一间浴室中，用手枪对准了自己的心脏，一声枪响后，一个生命就此了结。很多人感到震惊，一个拥有如此优越的物质生活的人为何选择结束自己的生命？

事实上这个问题的答案很简单——他认为自己过得不幸福，甚至可以说很痛苦。为什么富人反倒没有穷人幸福了呢？这就涉及经济学上的幸福指数概念，要了解幸福指数首先要知道萨缪尔森的幸福公式。

美国知名经济学家保罗·萨缪尔森提出的幸福公式是这样的：幸福＝效用／欲望。也就是说，他认为幸福是由效用和欲望这两个方面的因素决定的。

效用的概念十分抽象，经济学上的效用是指从消费物品中得到的主观享受或满足。但是由于其主观性在起作用，所以，价钱高并不意味着效用就一定高，消费多也并不意味着效用一定高。欲望就是想要达到的目标。就个人和家庭而言，欲望就是指过上高品质的生活，父母能够安享晚年，子女能够接受良好的教育，自己也可以满足自己的爱好。

萨缪尔森的幸福公式告诉我们，我们所谓的幸福生活，就是要过上“令人满意”的生活。当欲望不变时，幸福就取决于效用，这时，效用越大人就越幸福，反之则会感到不幸福；而当效用不变时，幸福就取决于欲望，这时，欲望越小人就越幸福。总之，效用越大越幸福，欲望越小越幸福。

幸福指数的概念最早是由不丹国王提出来的，二十多年前的不丹国人均GDP只有七百多美元，但是不丹国民的整体幸福感非常高。这一概念一经提出就迅速引起了世界各国的关注。经济学上通常认为幸福指数是衡量幸福感的主观指标和数值，而幸福感不仅是人们对生活现状的客观事实判断，也是对生活满意度的主观价值判断。

随着社会的进步、经济的发展，今天，人们已经不再为没有米下锅而发愁了，但是，衣食无忧了，人们的抱怨却多了。很多学者和官员对此十分困惑：为什么作为“下层建筑”的经济发展了，作为上层建筑的人们的幸福感却降低了，而且往往穷人要比富人的幸福指数高很多？

其实，从经济学的角度来看，这非常好理解，正如萨缪尔森所言，人的幸福程度取决于效用和欲望，富人因为物质资源丰富，所以他们通过消费得到的效用并不高，而且往往越是有钱人，对生活的欲望就会越高，即低效用／高欲望＝小幸福。

相反，通常情况下穷人在消费时得到的效用比较高，而对生活的欲望也相对较小，即高效用／小欲望＝大幸福。

遗憾的是，很多人并不知道如何获得幸福。一位名人曾说：“有相当一部分人都不知道何谓幸福。在他们看来，只要有大把的钱财，有名车，有豪宅，就是幸福。但是很多时候，那些有了钱财、名车、豪宅的人感受到的幸福还没有贫穷的人感受到的多。”

那么，人要怎样才能幸福呢？人生真正的幸福是什么？金钱？健康？快乐？爱情？亲情？友情？回答都不全面。答案应该是所有这些东西的叠加。这些东西中任何一样都是构成幸福人生不可缺少的要素。有钱、有健康、有快乐、有爱，这就是人生的幸福所在，也是人生的最大财富。

人们喜欢金钱、追求金钱，并不是因为它是人们生活的全部，而是因为它可以让人们的生活更加有质感，更加有自由。有了足够的钱，人们就不用为了得到它而受更多的束缚，就有资本不去做那些自己不喜欢的事情，也就有更多的时间去实现自己的梦想。人们要清楚，追求金钱的目的其实是“不再追求金钱”。当钱不再对自己的生活构成束缚时，才能从心理上获得最大限度的解放。所以，金钱的多寡不是一个数字的问题，而是一个心态的问题，无止境地追求金钱的人生是没有任何意义的。

健康也是如此，人们拥有健康的时候往往不会珍惜，只有等到疾病缠身的时候才领悟到健康的重要性。

健康是人生一笔巨大的财富，我们要凭借健康的身体去追求财富，同时也需要有健康的身体来享受财富。健康是人生幸福不可缺少的组成部分，有什么比“有命挣钱，没命享受”更加让人扼腕的呢？所以，一定不要用自己的健康去换取金钱，那注定是个赔本买卖。

快乐是什么？人们说“知足常乐”。所以，快乐是一种知足的心境。当你的生活被无止境的金钱欲望占满的时候，恐怕你的快乐也就无处容身了。所以，能挣钱的同时，也要懂得享受财富带给你的快乐。钱可以为你带来快乐，但是当人生中只剩下钱的时候，你的快乐当然也就是短暂的。真正聪明的人懂得一边挣钱，一边享受财富给自己和身边所爱的人带来的快乐。

财富没有尽头，但是懂得享受现有财富给我们带来的满足感，那就是一种快乐。

有了亲情、爱情和友情，人们的生活中就有了爱。“爱”是对幸福最重要的诠释，所以幸福需要爱。这是用金钱买不来的东西，因此它才珍贵。

有人喜欢拿金钱和爱相比，以此来显示“爱”的高尚纯洁和“金钱”的俗不可耐。实际上，这两者之间并不矛盾，因为它们本身不具有可比性。“金钱”是一种工具，“爱”是一种情感，二者本身的构成成分就不同，硬要拿来作比较是不公平的。

此外，“金钱”可以用来维护“爱”，为它镶个美丽的金边，为它扫除障碍，为它制造更多的浪漫，为它谱写幸福的未来。换言之，当“金钱”遇见“爱”时也可以变得很可爱。

只有放弃对金钱的偏见，才能感受爱的醇美，这才是财富的真实含义。

真正的幸福并不是拥有更多的财产，而是拥有这些财产带给你的满足感和幸福感，金钱可以让人们生活得更健康、更快乐、更有人情味。有了金钱、有了健康、有了快乐、有了爱，人的欲望才会得到满足，人生的效用才会更高，幸福指数才会更高。

经济启示录

保罗·萨缪尔森教授提出的幸福公式（幸福＝效用/欲望）总结了影响幸福指数的两个因素，即效用和欲望。也就是说，效用越高，欲望越低，人的幸福指数越高。在现实生活中，很多人都误以为财产和幸福成正比，殊不知金钱并不能决定幸福。

幸福 = 金钱 + 健康 + 快乐 + 爱，人生的等式中任何一个元素都不能少。要知道，“我们理的不是财，我们理的是人生幸福”！

参考文献

[1] 曼昆 . 经济学原理 [M] . 梁小民，译 . 北京：北京大学出版社，2015.

[2] 黄典波 . 趣味经济学 100 味 [M] . 北京：机械出版社，2009.

[3] 张丽娟，王彩霞 . 每天学点经济学 [M] . 北京：金城出版社，2009.

图书在版编目(CIP)数据

让你爱不释手的超实用日常经济学 / 缪宇泓著 . —北京：中国法制出版社，2019.12

ISBN 978-7-5216-0624-9

Ⅰ . ①让…　Ⅱ . ①缪…　Ⅲ . ①经济学－通俗读物
Ⅳ . ① F0-49

中国版本图书馆 CIP 数据核字（2019）第 244175 号

责任编辑：孙璐璐（cindysun321@126.com）　　封面设计：汪要军

让你爱不释手的超实用日常经济学

RANG NI AIBUSHISHOU DE CHAO SHIYONG RICHANG JINGJIXUE

著者 / 缪宇泓

经销 / 新华书店

印刷 / 三河市国英印务有限公司

开本 / 880 毫米 ×1230 毫米　32 开　　印张 / 7　字数 / 139 千

版次 / 2019 年 12 月第 1 版　　2019 年 12 月第 1 次印刷

中国法制出版社出版

书号 ISBN 978-7-5216-0624-9　　定价：36.00 元

北京西单横二条 2 号　邮政编码 100031　　传真：010-66031119

网址：http://www.zgfzs.com　　**编辑部电话：010-66038703**

市场营销部电话：010-66033393　　**邮购部电话：010-66033288**

（如有印装质量问题，请与本社印务部联系调换。电话：010-66032926）